로버트 콜리어
성취의 법칙

The Secret of the Ages
by Robert Collier

Originally published in the U.S.A under the title "The Secret of the Ages"
Copyright © 1983 by Robert Collier.
Revised Edition of "The Principle of Mind and the Universe(1926)".

Korean Edition © 2005 by BooksNUT Publishing.
with permission of Robert Collier Publications, Inc.
All rights reserved.

이 책의 한국어판 저작권은 로버트 콜리어 출판사와 독점 계약한 북스넛에 있습니다.
저작권법에 의해 한국에서 보호받는 저작물이므로 무단 전재와 복제를 금합니다.

The Secret of the Ages
성공적인 인생을 살겠다고 맹세하라

로버트 콜리어
성취의 법칙

로버트 콜리어 지음 / 안진환 옮김 / 공병호 해제

북스넛

옮긴이 안진환

연세대학교를 졸업한 전문번역가이다. 현재 번역회사 인트랜스를 운영하고 있으며 옮긴책으로 〈빌게이츠 @ 생각의 속도〉, 〈실리콘밸리 스토리〉, 〈애덤 스미스 구하기〉, 〈판도라의 시계〉, 〈포지셔닝〉, 〈허브 코엔의 협상의 법칙〉, 〈기업 혁신의 법칙〉, 〈변호사처럼 설득하라〉, 〈미운오리새끼의 출근〉, 〈괴짜 경제학〉 등이 있다.

성취의 법칙

1판 1쇄 발행 | 2005년 12월 10일
2판 2쇄 발행 | 2023년 10월 10일

지은이 | 로버트 콜리어
옮긴이 | 안진환
발행인 | 이현숙
발행처 | 북스넛
등 록 | 제410-2016-000065호
주 소 | 경기도 고양시 일산동구 호수로 662 삼성라끄빌 442호
전 회 | 02-325-2505
팩 스 | 02-325-2506
이메일 | booksnut2505@naver.com

ISBN 978-89-91186-24-6 03320

가장 훌륭한 지혜는 단호한 의지다.

―나폴레옹 보나파르트

■ 공병호의 해제

80년 간 애독되어 온
자기계발 분야의 명저!

공병호(공병호경영연구소장)

오랜 세월이 지나서도 살아남은 책을 고전이라 부른다. 하지만 자기계발 분야에서 고전을 찾기란 쉬운 일이 아니다. 왜냐하면 이 분야에서는 동시대뿐 아니라 수 세대에 걸쳐 감동을 줄 수 있는 책이 드물고, 요즘은 워낙 많은 책들이 쏟아져 나오고 있기 때문이다.

그러나 이번에 우리말로 번역되어 선을 보이는 로버트 콜리어의 《성취의 법칙 The Secret of the Ages》은 1926년에 초판이 나온 이후, 수십 판을 거듭하면서 수많은 사람들에게 용기와 희망을 주었던 책이다. 독자들은 이 책을 짬짬이 읽는 것만으로도 지금까지와는 차원이 다른 성취동기를 부여받을 수 있을 것이다.

동기부여에 관한 탁월한 내용이 실려 있는 이 책은 한 번 획

읽어버리고 마는 책이 아니라, 소장본으로 두고 오랫동안 읽고 싶은 책이라고 할 수 있다. 실제로 이 책은 자아실현과 정신능력 개발에 선구자적인 역할을 하였으며, 미국에서는 성공한 사람들이 성서처럼 곁에 두고 읽는 명저로 알려져 있다.

로버트 콜리어는 미국의 독창적인 성공학 저술가 중의 한 사람이다. 그가 펴낸 책으로는 《당신이 잡을 수 있는 부Riches Within Your Reach》, 《기도의 효과Prayer Works》, 《극동 거인들의 놀라운 비밀들The Amazing Secrets of the Masters of the Far East》 등이 있지만, 이 가운데 단연 뛰어난 책은 초기에 나온 7권의 저서들을 한 권으로 축약해서 펴낸 《성취의 법칙》이다.

이 책은 오랜 기간 동안 베스트셀러로서의 자리를 놓친 적이 없으며, 독일, 이탈리아, 프랑스, 스페인에서 출간되었고 올해 초에는 일본에서도 번역되어 나와 베스트셀러가 되었다. 이런 점에서 한국어로 번역판이 나온 것은 늦은 감이 없지 않다.

성공학 분야와 관련된 50권의 탁월한 고전들을 요약해 놓은 책 《CEO의 책꽂이50 Success Classics》에서 톰 버틀러 보던Tom Butler Bowdon은 《성취의 법칙》을 이렇게 평하고 있다.

20세기 초부터 수십 년 간 동기부여에 관한 서적들이 숱하게 출간되었고 그 대부분이 흐지부지 사라졌지만, 《성취의 법칙》은 저자의 후손들이 꾸준히 개정판으로 출간해 왔고 고대로부터 내려오는 성공비결을 제시함으로써 살아남을 수 있었다. 이 책은 성공을 향한 열망이 그 어느 때보다도 충만한 현대적인 분위기에 부합하는 아이디어를 제공하고 있다. 정신능력에 대한 대중적 관심이 한창 높아지던 시대적 배경 속에서 출간된 이 책은 인간의 잠재능력에 대한 믿음을 골자로 하고 우리에게 용기를 북돋아 주는 고무적인 문체가 어우러져 있다. 이 책을 베스트셀러로 만든 요인이 바로 이것이다.

저자는 1885년 4월 19일 미주리 주 세인트루이스에서 태어났다. 어린 시절에 어머니를 여의고 성직자가 되기 위해 신학교에서 교육을 받지만, 곧 자신의 길이 아님을 깨닫고 성공을 위해 웨스트 버지니아로 떠난다. 그곳에서 8년 동안 광산 기술자로 일하면서 그는 폭넓은 독서와 습작을 통해 훗날 작가로서 성공하기 위한 발판을 마련한다. 이후 뉴욕으로 돌아온 그는 숙부가 설립한 P. F. 콜리어 출판사의 광고 담당자로 일하면서 기발한 광고 카피로 대단한 성공을 거두기도 하였다.

그가 동기부여 분야에 관심을 갖게 된 것은 남다른 역경을 극복했기 때문이다. 그는 젊은 시절 의사들도 치유할 수 없는 원인 모를 병을 앓았지만, 마음의 힘으로 완치된 경험을 한 적이 있다. 이를 계기로 그는 마음에 대한 탐구를 시작하였고, 그 힘을 이용하면 부나 명성을 쌓을 수 있을 뿐 아니라 인생의 모든 문제를 해결할 수 있다는 확신을 갖게 된다.

이후 광범위한 독서를 기반으로 저술한 책들은 그에게 작가로서의 명성과 물질적인 성공을 가져다 준다. 여섯 명의 아이들을 둔 헌신적인 가장이었던 로버트 콜리어는 1950년에 죽음을 맞이한다. 이후 그의 후손들은 로버트 콜리어 출판사(Robert Collier Publications, Inc., www.robertcollierpublications.com)를 설립해 그의 여러 책들을 수정 보완해서 출간해 왔다. 그의 책이 20세기 초엽에 나왔음에도 불구하고 오늘날까지 인기를 끌수 있는 비결 중의 하나도 후손들의 이런 노력 덕분이었다.

《성취의 법칙》이 던지는 요지는 자신의 내면에 숨겨져 있는 힘을 효과적으로 활용하는 방법을 익히라는 것이다. 그렇게만 할 수 있다면 불안과 의심에서 벗어나 무엇이든 추구하는 것을 손에 넣을 수 있다. 잠재의식의 무한한 자원을 끌어내어 부와 건강과 사회적 성공을 이룰 수 있다는 것이다. 다음은 이 책이 담고 있는 핵심 메시지이다.

사람은 누구나 무한한 잠재능력을 가진 이 세상의 주인공이다. 마음속에 잠들어 있는 그 능력을 제대로 알고 방향을 잡아 준다면 원하는 무엇이든 소유할 수 있으며, 바라는 어떤 인물이든 될 수 있다. 평생 불운한 환경의 노예로 살 필요가 없다.

성공적인 사람과 실패하는 사람의 차이는 자신이 가진 재능과 노력의 차이가 아니라, 사물과 현상을 바라보는 관점의 차이에서 비롯되는 경우가 많다. 눈에 보이지 않고 만질 수도 없지만 '마음의 힘'이 존재한다는 사실과 그것을 활용하는 방법을 익히면 우리는 성공적인 삶을 살아갈 수 있다. 하지만 많은 사람들이 이런 막강한 내적인 힘을 믿지 않는다.

이 책에는 모두 여섯 가지 법칙이 제시되어 있다. 그 첫 번째 법칙은 '잠재의식'에 관한 내용을 담고 있다. 사람들은 정신적인 힘이 의식에서 비롯된다고 생각한다. 하지만 로버트 콜리어는 현대 심리학 이론을 차용하여 마음속에 존재하는 미지의 영역에 초점을 맞추고 있다. 사람의 마음은 의식, 잠재의식, 초의식으로 구성되어 있으며, 잠재의식 속에는 우리가 인식하지 못하는 엄청난 힘이 존재한다는 것이다. 그리고 이 힘을 개발해내면 누구든 자신이 원하는 것을 얻을 수 있고 성공을 거둘 수 있다고 한다. 역사적으로 어떤 분야에서 탁월한 능력을 발휘했던 사람들은 타고난 재능보다는 이러한 잠재의식을 이용해 성공을 거둔 것이라고 주장한다.

누구든 잠재의식에 성공과 풍요로움에 대한 생각과 이미지를 지속적으로 마음속에 불어넣으면, 잠재의식은 스스로 그것을 현실세계에서 구현해낼 것이다. 대부분의 사람들은 잠재의식이 지닌 능력의 극히 일부분밖에 사용하지 못하고 있다. 이 책은 그 능력을 최대한 활용하는 방법을 제시하고 있다. 잠재의식 속에 이러한 생각과 이미지를 주입하는 방법은 다음과 같다.

1. 자신이 바라는 것에 대한 뚜렷한 이미지를 마음에 새긴다.
2. 자신의 마음속에 강력한 힘이 존재한다는 사실을 깨닫는다.
3. 자신의 창조력에 대한 믿음, 즉 이미지에 생명력을 불어넣어 현실화시킬 수 있다는 믿음을 가진다.
4. 바라는 바가 실현된다는 자신의 믿음을 잠재의식, 그리고 그것을 통해 초의식을 납득시키기 위해 무언가 구체적인 행동을 취한다.

두 번째 법칙은 '욕망과 야망'에 관한 내용을 다루고 있다. 자신이 소원하는 바를 마음에 새긴다는 것은 막연한 바람이나 희망을 의미하지 않는다. 그것은 '아주 절실하게 추구하는 것'을 뜻한다. 사람은 누구든지 무엇을 하고자 하는, 혹은 무엇을 하고 싶다는 바람을 가지고 있다. 그 바람은 욕구라고 할 수도 있고 욕망이라고 할 수 있다. 하지만 알다시피 그런 욕구 혹은 욕망이 궁극적으로 모두 성취되지는 않는다. 욕망을 성취하려면 그것이 충분히 강해야 하며 구체적이어야 한다. 이런 욕망이 커지면 야망으로 자란다. 인생에서 크게 성공하려면 우리는 야망을 가져야 한다.

예를 들어, 경제적으로 성공하고 싶다면 막연한 생각만으로는 절대 그런 바람을 이룰 수 없다. 성공과 관련된 구체적 대상에 대해 강렬한 욕망을 가져야 하며, 이를 기초로 야망을 품어야 한다. 그것도 아주 간절하게 말이다. 그렇게만 한다면 잠재의식은 그것을 강한 암시로 받아들이고 힘을 발휘하기 시작한다. 이 책을 통해 욕망의 속성과 그 힘의 원리를 상세히 익히기 바란다.

세 번째 법칙은 '인생의 목적과 목표'에 관한 내용을 다루고 있다. 우리 주변에는 확실한 꿈이나 목표를 정하고 사는 사람들이 별로 없는 것 같다. 그들은 미래에 대한 생각없이 하루하루를 대충 살아간다. 그리고 능력이 부족하다며 지레 포기하거나 환경이나 기회 부족을 탓한다.

저자는 우주의 삼라만상이 공급의 법칙에 의해 움직인다고 역설한다. 공급의 법칙이란 필요해서 구하면 얻을 수 있다는 법칙이다. 이는 구하려고 노력하지 않으면 얻을 수 없다는 법칙이기도 하다. 기회도 마찬가지다. 우리 주변에는 무한한 기회가 널려 있으며 마음을 제대로 이용하면 그것을 한 번뿐 아니라 두 번이고 세 번이고 계속해서 잡을 수 있다고 한다. 원대한 목표를 정하고 그것을 마음으로 추구하면 승승장구할 수 있다는 게 저자의 이론이다.

현실세계에서 만들어지는 모든 성취는 소원이나 야망의 이미지를 마음속에 그려냄으로써 이루어진다. 따라서 우리는 그 마음을 이용하는 법을 배워야 한다. 본문에 등장하는 다음 사례를 보면 그것을 확실히 이해할 수 있다.

남편의 죽음과 실직으로 위기에 처하게 된 캐롤라인이란 여인이 있었다. 그녀는 우연한 기회에 잡지에서 성공을 위한 '보물지도 만들기'라는 기사를 보고 자신도 그것을 만들어 보기로 했다. 잡지나 신문에서 자신이 꿈꾸는 삶과 관련 있는 그림이나 문구를 오려내어 커다란 백지에 붙이는 것이 보물지도를 만드는 과정이다. 이를테면 갖고 싶은 멋진 집과 자동차 그림들과 성공, 행복 등과 관련된 격언이나 모토를 붙이는 것이다. 캐롤라인은 보물지도를 잘 보이는 벽에 붙여 놓고 틈 날 때마다 그것을 뜯어보고 수정하면서 자신의 꿈을 마음속에 뚜렷이 각인시켰다. 그러자 어느 순간부터 보물지도의 내용이 완전히 자신의 일부가 된 것처럼 느껴졌다. 그리고 나서 몇 개월 후 그녀의 보물지도의 내용이 하나씩 하나씩 현실 속에서 이루어지기 시작했다.

네 번째 법칙은 '마음에 대한 믿음'을 다루고 있다. 욕망을 가지고 있더라도 자기 자신과 마음을 믿지 못한다면 그것은 아무 소용이 없다. 왜냐하면 믿음은 잠재의식의 에너지를 끌어내는 데 결정적으로 기여하기 때문이다. 저자는 "잠재의식의 동력은 긍정에 대한 믿음이다. 두려움과 실패에 대한 믿음이 아니라 성취를 믿음으로써 잠재의식을 훈련시키고 교육시키고 인도하고 가르쳐라. 그리고 자연스런 흐름을 타게 하라."고 주장한다.

다섯 번째 법칙은 '창조적 상상력과 의지력'이다. 창조적 상상력은 소원을 구체화시키는 데 도움이 된다. 많은 이들이 자신에게는 창조적 상상력이 부족하다고 느낀다. 하지만 누구든지 훈련을 통해 그 능력을 개발할 수 있다고 저자는 밝힌다. 창조적 상상력으로 마음속에 자신의 미래 모습을 구체적으로 그릴 수 있어야 한다. 그것을 실제로 달성했고 그것을 손에 넣었다고 믿을 만큼 생생하고 확실하게 그린다. 잠재의식에 그 확신이 닿는 순간 꿈은 분명히 이루어질 것이다. 실현되기까지는 다소 시간이 걸릴 수도 있지만 그 골격은 이미 완성된 셈이다.

잠재의식에 소원하는 바가 구체적으로 그려지면 꿈의 모델이 완성된 것이고, 그 다음부터는 잠재의식에 맡겨 두면 된다. 저자는 세상에서 바라는 것을 얻기 위한 근본 원리를 이렇게 설명한다.

행복을 원하는가? 성공하고 싶은가? 지위와 권력과 부를 손에 넣고 싶은가? 그렇다면 그 이미지를 만들어라. 이것이 당신이 바라는 모든 것을 창조하는 방식이다. 신은 마음속에 자신의 형상을 떠올려 인간을 만들었다. 세상의 모든 것은 그렇게 태어났다.

여섯 번째 법칙은 '성공한 사람들의 가르침'을 전하고 있다. 흔히들 이제는 기회를 잡기가 쉽지 않다고 말한다. 지금은 이미 부자가 된 사람들이 더 큰 부를 차지하는 시대이며, 나머지 사람들은 조금이라도 남아 있는 부를 차지하겠다고 법석을 떨고 있다고 한다. 저자는 버튼 브레일리Berton Braley의 시를 인용하여 이를 반박한다.

> 최고의 시는 아직 쓰여지지 않았다.
> 최고의 집은 아직 지어지지 않았다.
> 최고봉은 아직 정복되지 않았다.
> 최대의 강에 다리는 아직 놓이지 않았다.
> 그러므로 두려워 말고 초조해하지도 말라.
> 약한 마음을 먹지도 말라.
> 기회는 이제 막 도래하고 있다.
> 최고의 일은 아직 시작되지 않았다.
> 최고의 작품은 아직 완성되지 않았다.

저자의 말에 의하면, 세상에는 우리가 누릴 혜택과 기회가 무한정 널려 있다. 패배주의자들과 비관주의자들에게 세상은 칠흑 같은 어둠에 덮여 있을지 모르지만, 바로 지금부터 우리가 진정으로 바라는 것에 집중하고 또 집중한다면 얼마든지 부를 창출해낼 수 있다. 그렇다면 어떻게 해야 할까? 부를 거머쥐기 위해 저자가 제시하는 네 가지 습관을 새겨둘 필요가 있다.

1. 매일 매일 하루의 계획을 세워라.
2. 항상 좋은 책을 스승으로 삼아라.
3. 남는 시간을 어떻게 활용할지 고민하라.
4. 잘 아는 일부터 시작하라.

누구든지 정상에 설 수 있다. 마음속에 정상의 푯대를 향해 힘차게 나아갈 수 있는 용기를 가질 수 있다면 말이다. 본문에 나오는 빅토르 위고 Victor Hugo의 글은 우리가 어떻게 살아가야 하는가에 대한 해답을 제시해 준다.

어떤 시대든 천재라고 불리는 사람들은 정상을 목표로 한다. 그들은 산 정상을 향해 오른다. 그들은 구름 속에 모습을 감추었다가 또 다시 모습을 드러내곤 한다. 세상 사람들은 그들을 발견하고 주시한다. 그들은 벼랑길에서도 대담하게 발을 내딛는다.

먼 곳에서 보면 그들은 조그만 점으로밖에 보이지 않는다. 길은 험하고 고난의 연속이지만 그들은 멈추지 않는다. 정상을 향해 올라갈수록 추위가 극심해진다. 비탈길은 얼음을 깨뜨려야 겨우 한 발을 내디딜 수 있다. 눈보라가 더욱 기승을 부린다. 하지만 그들은 계속 전진한다. 이제 호흡이 곤란할 정도로 공기가 희박해지고 심연이 그들을 집어삼킬 듯이 입을 벌리고 있다. 마침내 대열에서 낙오되는 이들이 있고 멈춰 섰다가 되돌아가는 이들이 나타난다. 그들에게 참을 수 없는 피로와 슬픔이 엄습한다. 하지만 끝까지 용기를 잃지 않은 몇몇은 계속해서 나아간다. 독수리가 그들을 내려다보고 있다. 번개가 치고 눈보라가 매섭게 몰아친다. 무슨 일이 있어도 그들은 포기하지 않는다.

로버트 콜리어의 《성취의 법칙》은 동기부여 분야에서 압권이라 해도 과언이 아닐 정도로 탁월한 책이다. 우리는 어떤 분야에서 일하고 있든, 매일 음식물을 섭취하듯이 정상을 향할 수 있는 강한 동기를 자신에게 부여해야 한다. 이런 측면에서 본다면《성취의 법칙》을 만나는 독자들은 큰 기회와 행운을 만난 것임에 틀림없다.

■ 독자들에게

누가 위대한 인생을 사는가!

　당신은 소망하는 모든 것을 이룰 수 있다. 돈, 일, 명예, 공부, 심지어 사랑조차도. 당신의 깊은 내면에 있는 잠재력을 발견한다면 이는 분명히 가능한 일이다.
　당신의 운명을 결정하는 것은 오직 당신 자신뿐이다. 되고 싶은 사람이 되고, 갖고 싶은 것을 갖기 위한 힘은 당신의 내면에 잠자고 있다. 당신은 그것을 일깨워 움직여 주기만 하면 된다. 이 책은 그 방법을 담고 있다.
　모든 일의 성패가 마음에 달렸음은 전 세계의 심리학자들도 인정하고 있다. 당신의 마음에 따라 당신의 미래가 정해진다. 일단 마음의 결정이 내려지면 불행해지지도 않으며 실패할 일도 없다. 또한 매달 돈에 허덕이며 따분한 일에 삶을 허비하는 하찮은 인생으로 전락하지도 않는다.

하버드 대학의 심리학자 윌리엄 제임스William James에 따르면, 평범한 사람은 대개 자신의 정신적 능력 가운데 10퍼센트 정도밖에 사용하지 않는다고 한다. 겨우 10퍼센트다! 사람은 자신의 막대한 능력 중에서 90퍼센트는 사용하지 않고 있다는 의미이다. 이는 엄청난 부를 소유하고 있으면서 어떻게 사용해야 할지 모르거나, 자신이 그런 부를 가지고 있다는 사실조차 알지 못하는 것과 다를 바 없다.

이처럼 강력한 힘을 잠재워 둔 채, 그저 먹고 자고 일하는 생활을 반복하는 것을 비난할 수는 없다. 하지만 그런 잠재력은 스스로 깨어나고 싶어한다. 또한 이를 외면하는 것은 얼마나 큰 손실인가.

무한한 가능성을 가진 당신은 이 세상의 주역들 중의 한 사람이다. 당신의 몸속에는 당신을 매너리즘에 빠진 따분한 나날에서 구출해 주고 선택 받은 자로 키워줄 힘이 잠자고 있다. 지금까지 방치해 둔 그 힘을 쓸 수 있는 사람은 오직 당신뿐이다. 당신의 인생 목표가 무엇이든 간에 이 책은 그 힘을 일깨우는 역할을 해 줄 것이다.

당신의 꿈은 무엇인가? 사랑하는 사람들과 좀더 행복한 가정을 꾸리는 것인가? 새 차를 구입하는 것인가? 직장에서 성공하는 것인가? 지금보다 더 큰 행복인가? 좀처럼 목표가 달성되지 않아 절망감에 빠진 적이 있는가? 자신도 어쩔 수 없는 환경에 의해 발목이 잡혀 있다는 생각이 드는가? 미래가 불안한가? 만사가 걱정스러워 삶을 즐길 수 없다는 느낌이 드는가?

이 책에는 당신의 인생 구도가 크게 바뀔 수 있는 아주 간단한 비결들이 담겨 있다. 이 책을 통해 당신은 불안감에서 완전히 벗어나 목표로 삼고 있는 일에 집중하기 위한 새로운 용기를 얻고 마음의 평정을 찾을 수 있을 것이다. 잠재의식 속의 무한한 자원을 끌어내어 부와 건강과 사회적 성공을 거머쥘 수 있는 방법을 배울 것이다.

놀랍게도, 성공을 추구하고 그것을 이루기 위해 노력하는 사람들은 극소수에 불과하다. 나머지 대부분의 사람들은 스스로가 꿈을 가꿔 나갈 역량이 부족하다는 핑계를 가지고 있다. 꿈을 실현하기 위한 어떤 노력도 그들은 부담으로 여긴다. 그들은 공부를 하거나 성공을 위한 노력보다는 단조로운 생활을 반복하면서 하찮은 오락에 빠지고 아무 생각 없이 하루하루를 살아가고 있다.

그렇지만 이 책을 다 읽고 난 후 당신은 달라질 것이다. 목표를 향해 노력하는 삶이 얼마나 가슴 두근거리는 일인가를 이해하게 될 것이다. 성취의 법칙을 알면 알라딘의 요술램프를 문지르거나 마법의 지팡이를 휘둘러 소망을 이루듯이, 당신이 원하는 새로운 부와 지위를 향해 매진할 수 있다.

각각의 파트에는 당신이 목표를 향해 나아가기 위해 필요한 법칙이 적혀 있다. 그 법칙을 터득한다면 당신은 많은 것을 손에 넣을 수 있다. 하지만 그러기 위해서는 결코 도중에 포기해서는 안 된다. 부디 이 책을 마지막까지 독파해서 멋진 승리를 위한 발판을 마련하기 바란다. 책의 후반부에는 엄청난 부를 축적한 사람들이 삶의 지침으로 삼았던 원칙들을 소개했다. 그들처럼 성취의 법칙을 무기삼아 소중한 꿈을 이루기 바란다.

―저자 로버트 콜리어

■ 차례

공병호의 해제
　　80년 간 애독되어 온 자기계발 분야의 명저! | 6

독자들에게
　　누가 위대한 인생을 사는가! | 18

프롤로그　성취하는 삶
　　당신의 현실 | 29
　　마음속의 보물 | 32

Part 1　첫 번째 법칙　잠재의식의 법칙

제1장 성공으로 이끄는 램프의 요정
　　마음의 힘을 이해하라 | 41
　　의식이 하는 일 | 44
　　잠재의식이 하는 일 | 46
　　간절한 소망은 현실이 된다 | 51

제2장 마음과 우주의 법칙

상상을 초월하는 힘 | 55
생각이 우주와 인간을 잇는다 | 58
잠재의식의 요정을 깨우는 법 | 62
마음의 제국 탐색하기 | 69

Part 2 두 번째 법칙 욕망의 법칙

제3장 욕망은 절대법칙이다

바라는 것을 마음에 그려라 | 75
욕망의 불씨 키우기 | 79
바라는 것을 명확히 인식하라 | 81
바라는 것에 집중하라 | 85

제4장 욕망은 성취 요소를 끌어당긴다

사람은 추구하는 존재다 | 91
사막에서 물을 찾는 강렬한 욕망 | 93
욕망은 길들일 수 있다 | 96

제5장 욕망의 실현을 위한 단계

성취를 위한 다섯 가지 원리 | 98
가장 바라는 것 분석하기 | 100
선택을 잘하는 방법 | 103
욕망의 통로 만들기 | 106

Part 3 세 번째 법칙 목표의 법칙

제6장 우주는 공급의 법칙으로 움직인다
누가 세상의 주인공인가 | 115
돈을 어떻게 벌어야 하나 | 119

제7장 목표의 이미지를 새긴다
자신만의 보물지도 만들기 | 122
목표에 대한 자기암시 | 126

Part 4 네 번째 법칙 믿음의 법칙

제8장 믿음의 힘
자신을 믿는 법을 배워라 | 131
믿음의 적을 퇴치하는 방법 | 134
긍정적인 생각의 힘 | 139

제9장 믿음은 에너지를 분출한다
아는 것과 믿는 것 | 143
믿음은 육체의 병도 치유한다 | 145
일과 인생에 대한 열정 | 148
믿음은 욕망을 부채질한다 | 152

Part 5 다섯 번째 법칙 상상력의 법칙

제10장 창조의 열쇠
상상력이 소원을 구체화시킨다 | 159
상상력을 키우는 법 | 161
상상력의 영원한 동반자 | 164

제11장 의지가 불가능을 파괴한다
누가 실패자가 되는가 | 166
나는 해낼 거라고 외쳐라 | 170

제12장 미래는 지금 만들어지고 있다
과거를 잊는 법 | 177
실패는 또 다른 기회이다 | 181
해야 할 일을 미루지 마라 | 183
포기라는 단어를 기억에서 지워라 | 186

Part 6 여섯 번째 법칙 가르침의 법칙

제13장 억만장자로 가는 길
부의 법칙 | 193
거대한 기회는 항상 온다 | 196
성취를 위한 집중력을 키워라 | 198

제14장 성공하는 사람들의 사소한 습관
날마다 다음날의 계획을 세운다 | 201
좋은 책을 스승으로 삼는다 | 205
남는 시간을 효과적으로 이용한다 | 208
잘 아는 일부터 시작한다 | 210

제15장 명심해야 할 7가지
1. 계획이 성공에 도달할 확률 | 213
2. 창조적 아이디어의 근원 | 215
3. 현재의 자신 뛰어넘기 | 217
4. 발걸음의 속도 | 218
5. 식을 줄 모르는 의지 | 221
6. 큰 성취를 위한 큰 위험의 각오 | 223
7. 힘, 능력 그리고 끈기 | 224

제16장 당신의 문제에 대한 답변
질문과 답변 | 227

프롤로그

성취하는 삶

누구에게나 길은 열려 있네,
외길, 여러 갈래 길, 그리고 또 다른 길이.
숭고한 영혼은 높은 길을 오르고
비천한 영혼은 낮은 길을 더듬네.
그 사이의 안개 낀 평지에는
나머지 영혼들이 이리저리 헤매고 있네.
하지만 누구에게나 길은 열려 있네,
높은 길이든 낮은 길이든.
누구든 스스로 결정하리라,
자신의 영혼이 나아가야 할 길을.

— 존 옥센험 John Oxenham

■ 프롤로그

성취하는 삶

당신의 현실

당신은 진정 자신의 주인이라고 말할 수 있는가? 항상 환경에 얽매여 생활하고 있지는 않은가? 지금 마땅히 누려야 할 즐거움, 휴식, 건강 등에 만족하고 있는가? 아니면 매달 무거운 근심의 보따리를 짊어진 채 청구서 한 장 처리하기에도 버거운 삶을 살고 있지는 않은가?

당신이 지극히 평범한 사람이라면 자신과 가족을 부양하기 위해 따분하고 재미없는 일에 얽매여 살고 있는지도 모른다. 한때는 큰 부자가 되고 싶다는 생각을 한 적도 있지만, 이제는 매일 반복적인 일을 하면서 따분한 일상에서 벗어나기만을 절

The Secret of the Ages

실히 원하고 있을지도 모른다.

조지 바버George Barber의 《성공의 길 Making Good》에 다음과 같은 이야기가 나온다.

"25세의 남녀 100인 가운데 66명이 65세까지 살게 될 것이다. 이 66명 가운데 단 1명만이 부유하고, 4명은 살 만하다고 할 것이다. 5명은 65세까지 계속해서 일을 해야만 한다. 나머지 56명은 가족에게 부양받든지 연금이나 지역사회의 생활보조금으로 겨우 생계를 유지하게 될 것이다."

놀랍지만 이것이 현실이다. 이 수치는 대형 보험회사가 많은 비용을 들여 산출한 것이기에 신뢰할 만한 통계이다. 10년 후, 20년 후, 혹은 30년 후, 당신은 어느 그룹에 속하게 될까? 극소수 그룹에 속한다면 정말 운이 좋은 사람이다. 하지만 지금 당장 행동을 취하지 않는다면 그게 그리 쉽지는 않을 것이다.

환경을 지배하기 위한 힘은 당신 안에 있다. 당신 안에는 거인이 잠자고 있으며 당신이 깨워 주기만을 기다리고 있다. 그 거인은 '잠재의식'이라 불리는 힘으로서, 그 힘 앞에 불가능이란 없다. 당신이 해야 할 일은 그저 그 힘을 깨워 주기만 하면 된다. 그 힘은 당신을 보이지 않는 쇠사슬로부터 해방시키고 꿈을 실현할 비법을 가르쳐 줄 것이다. 그러면 출세나 성공의 꿈은 당신 앞의 현실이 된다.

"내 운명의 주인은 나 자신이다."

우선 이 말을 이해하지 못하면 인생의 성공은 바랄 수 없다. 당신은 자신의 운명을 만들어가는 주체이다. 6개월 후 혹은 1년 후에 당신이 무엇을 하고 어떤 사람이 되어 있을지는 지금의 당신에게 달려 있다. 따라서 다음과 같은 두 갈래 길 중 어느 쪽으로 향할 것인가를 당장 결정해야 한다.

첫 번째 길은 현재 당신을 얽매고 있는 환경에 정착하여 사는 것이다. 이는 자신의 운명이 변할 수 없다며 모든 걸 포기하는 삶이다.

두 번째 길은 환경이나 미래의 성공과 행복 등이 자신이 스스로 만들어 가는 것임을 굳게 믿고 실천하는 삶이다. 바라는 바를 마음에 품고 그것을 현실로 만들기 위해 자신의 창조적 힘을 쏟아 붓겠다는 의지를 가지고 살아가는 것이다.

첫 번째 길은 편하지만 빈곤과 두려움에 이르는 삶이다. 하지만 두 번째 길을 선택한다면 마음이 추구하는 바를 모두 이룰 수 있다. 마음의 힘은 눈에 보이지 않지만, 그렇다고 해서 의심해서는 안 된다.

이 세상의 위대한 힘은 대부분 보이지 않는다. 가령, 사랑은 보이지 않지만 얼마나 위대한 힘을 갖고 있는가. 또한 기쁨, 행복, 평화 그 어느 것도 눈에 보이지 않는다. 전파도 보이지는 않지만 우리의 귀는 이를 또렷이 들을 수 있다. 물리적인 법칙들도 눈에 보이지 않지만 만물을 움직이는 근간이 되고 있다.

The Secret of the Ages

증기기관차를 움직이기 위해서는 증기의 힘을 제대로 사용하는 방법을 배워야 한다. 이것은 누군가가 발명한 것이 아니다. 법칙은 처음부터 존재해 왔다. 다만 우리가 그것을 발견하고 이해하고 바르게 사용할 날이 오기를 기다릴 뿐이다. 발명이란 우주의 지혜가 명확히 드러나고 현실화된 것에 불과하다. 우주의 지혜는 인간이 가늠하지 못할 수백만 가지의 법칙을 알고 있다. 당신은 그런 지혜를 자신의 것으로 이용할 수 있다. 그렇지만 우선은 자신이 추구하는 바를 명확하게 알아야 한다. 그것이 당신의 소망을 달성하기 위한 첫 걸음이다.

마음속의 보물

어느 보어인(남아프리카공화국의 네덜란드계 백인) 농부에 관한 이런 사연이 전해 내려온다. 그 농부는 오랜 세월 돌투성이 황무지를 힘들게 개간해 왔다. 그러다가 끝내 절망감에 빠져 땅을 포기하고 다른 곳으로 이주했다. 그런데 몇 년 후 다시 그 지역에 와보니 온통 윙윙거리는 기계와 인부 등으로 활기가 넘치고 있었다. 사람들은 그 땅에서 매일같이 노다지를 캐내고 있었다. 그곳이 바로 세계적으로 유명한 킴벌리 다이아몬드 광산이었던 것이다.

대부분의 사람들은 이 보어인 농부와 같다. 작은 것이나 피상적인 것에 얽매여 중도에 쉽게 포기하곤 한다. 인내심을 가지고 조금만 더 깊이 파들어 가면 그 안에 소중한 보물이 있음에도 결국 좌절하고 돌아선다. 다이아몬드보다 더 값진 것이 자신에게 있지만 결국 그걸 깨닫지 못하는 것이다. 기업인들의 성서라 일컬어지는 《석세스 매거진 Success Magazine》의 창간자인 오리슨 스웻 마든 Orison Swett Marden은 이렇게 기술한 바 있다.

실패한 인생의 대부분은 정신적 패배에 그 원인이 있다. 그들은 자신들이 결코 성공하지 못할 것이라고 짐작하며 성공을 위한 어떠한 노력도 하지 않는다. '나는 할 수 없다'고 지레 포기하는 사람에게 성공철학 같은 것은 없다. 대다수의 사람들이 보다 큰 일을 할 능력이 있으면서도 겨우 먹고 살 정도의 지루한 삶을 사는 것은 바로 자신감이 결여되어 있기 때문이다. 그들은 가난과 매너리즘에 빠진 인생에서 탈출할 수 있다는 사실을 믿지 않는다. 그들은 정신적인 패배자들인 것이다.

강력한 자력을 띠는 금속 조각은 그보다 10배나 무거운 금속을 들어올릴 수 있다. 그 금속 조각에서 자력을 제거하면 새털처럼 가벼운 금속조차 들어올릴 수 없게 된다. 자신감이 있는 사람과 없는 사람의 차이도 이와 마찬가지다. 능력이 똑같은 두 사람이 똑같은 일을 하게 되었다고 하자. 자신감을 가진 사람은

The Secret of the Ages

분명히 성공을 거둘 테고 두려움과 불안을 안고 있는 사람은 실패할 가능성이 높을 것이다. 자신에 대한 믿음이 확고하면 성공을 향한 추진력이 가늠할 수도 없을 정도로 증가하며, 반대로 믿음이 없으면 그 힘은 그만큼 저하된다.

'무엇을 할까', '어떤 일부터 손댈까', '어떤 식으로 할까' 하는 선택에 당신은 시간을 얼마나 쓰고 있는지 생각해 본 적이 있는가? 삶의 과정은 하루하루가 선택의 연속이다. 일, 인간관계, 사랑 등 무엇이든 우리는 선택을 하면서 살아간다. 그런 선택을 해야 하기에 우리 자신과 우리 마음속에 내재되어 있는 무한한 지혜에 강력한 믿음을 갖는 것이 매우 중요하다.

격변하는 현실 속에서 우리는 많은 세력으로 둘러싸여 있다. 그래서 사람들은 종종 자신의 의지와 상관없이 주위 상황에 휘둘려 그 길을 선택할 수밖에 없었노라고 토로하곤 한다. 하지만 한 가지 분명한 것은 그것조차도 선택은 자신이 했다는 사실이다. 설령 그 선택이 자신이 진정으로 바라던 바가 아니었을지는 모르지만, 가장 저항을 널 받거나 스트레스가 덜한 쪽을 스스로 선택했다는 사실은 틀림없다.

당신은 어떠한가? 스스로의 생각을 완전히 지배하고 있는가? 마음속에 원하는 바를 확고히 새겨 두고 있는가? 건전한 생각, 행복한 생각, 성공에 대한 생각을 품고 있는가?

성공적인 사람과 그렇지 않은 사람과의 차이는 얼마나 훈련을 하고 얼마나 많이 갖추고 있느냐의 차이가 아니다. 기회나 운의 차이도 아니다. 다만 '사물을 어떻게 바라보는가' 하는 관점의 차이에 지나지 않는다.

성공적인 사람은 기회가 오면 주저하지 않고 그것을 붙잡아 성공으로 향하는 계단에 성큼 올라선다. 실패할 수도 있다는 생각은 조금도 하지 않는다. 오로지 그 기회로 '무슨 일이 가능하며 성공을 위해 그것을 어떻게 이용하면 좋을까'를 생각한다.

실패하는 사람 역시 기회가 다가오면 그것을 손에 넣고 싶어 한다. 그렇지만 다음 순간 그런 기회가 '나의 능력, 지위, 환경, 외모, 성격 같은 것들과 부합하지 않는 것은 아닐까?' 하고 주저하기 시작한다. 이는 마치 수영장에서 물을 무서워하는 아이가 한 쪽 발만 물에 담근 채 망설이고 있는 것과 같다. 그렇게 주춤거리고 있는 동안 기회는 좀더 용기 있는 사람에게로 넘어가버린다.

누구든 과거를 돌이켜 보면 이런 생각을 할 수 있다. '예전에 그 기회를 살렸더라면 지금쯤 더 잘 됐을 텐데…….' 미래는 스스로 실천하기 나름이라는 말을 이해할 수 있다면 두 번 다시 그런 생각을 할 수는 없을 것이다. 당신의 미래는 변덕스런 행운의 여신의 손에 있는 것이 아니라 당신의 마음속에 있다.

The Secret of the Ages

당신의 마음은 궁극의 지성이자 창조주인 우주의 마음과 통한다. 우주의 마음은 단 하나이며 거기에는 긍정적인 것만 존재한다. 나쁜 것이나 악의 형상은 전혀 없으며 우리에게 줄 수 있는 혜택이 무한하다. 마치 바닷가의 모래알처럼 헤아릴 수 없을 만큼 많은 아이디어가 그곳에 있다. 아이디어는 부와 능력과 행복을 낳는다. 그렇다면 당신은 어떻게 해야 할까?

당신이 할 일은 잠재의식 속의 욕망을 확실한 형상으로 이미지화하는 일이다. 우주의 마음에서 필요한 아이디어를 끄집어내면 되는 것이다. 그리고 자신의 미래를 창조하기 위해 그 이미지를 늘 마음속에 머물도록 하면 된다. 내셔널시티뱅크의 전 은행장인 프랭크 밴더리프Frank A. Vanderlip가 젊은 시절, 성공가도를 달리는 한 친구에게 이렇게 물었다.

"자네는 출세를 열망하는 젊은이가 있다면 제일 먼저 어떤 충고를 해주겠나?"

그러자 그 친구는 이렇게 대답했다.

"자신이 이미 성공했다고 생각할 필요가 있지."

셰익스피어도 이와 비슷한 말을 했다.

"자신이 갖추지 않은 미덕이 있다면 그것을 갖춘 듯이 행동하라."

요컨대 자신이 꿈꾸는 역할을 상상하고, 그렇게 연기를 하라는 의미이다. 이는 의식적으로 자신의 성공한 모습을 형상화시키는 일이다. 그러면 머지않아 현실에서 진짜로 성공해 있는 자신을 발견하게 된다. '자동차 왕'이라 불리는 헨리 포드Henry Ford의 경이적인 성공에 대해 발명왕인 그의 친구 토머스 에디슨Thomas A. Edison은 이렇게 말했다.

"그는 자신의 잠재의식을 이용했다."

자신이 바라는 인물이 되는 방법은 의외로 간단하다. 우선 인생에서 추구하는 바를 결정한다. 즉, 자신이 희망하는 미래의 모습을 분명하게 인식하는 것이다. 세세한 것까지 계획을 세워 보라. 한 편의 영화처럼 처음부터 끝까지 그려 보라. 그다음은 늘 꿈꿔오던 일을 지금 하고 있다고 상상하라. 마음의 눈으로 그것을 현실처럼 만드는 것이다. 상상 속에서 원하는 자신의 모습을 이끌어내어 그것을 믿는 것이다. 이는 잠재의식에 도달하기 쉽도록 잠들기 직전에 하면 더 효과적이다. 이 과정을 매일 반복한다면 어느 시점에서 그 믿음은 현실로 다가온다.

현재 당신이 젊든 나이를 먹었든 부유하든 가난하든 문제가 되지 않는다. 지금이 바로 자신의 내재된 힘을 일깨워 웅지를 펼칠 때이다. 때늦은 시작이란 없다.

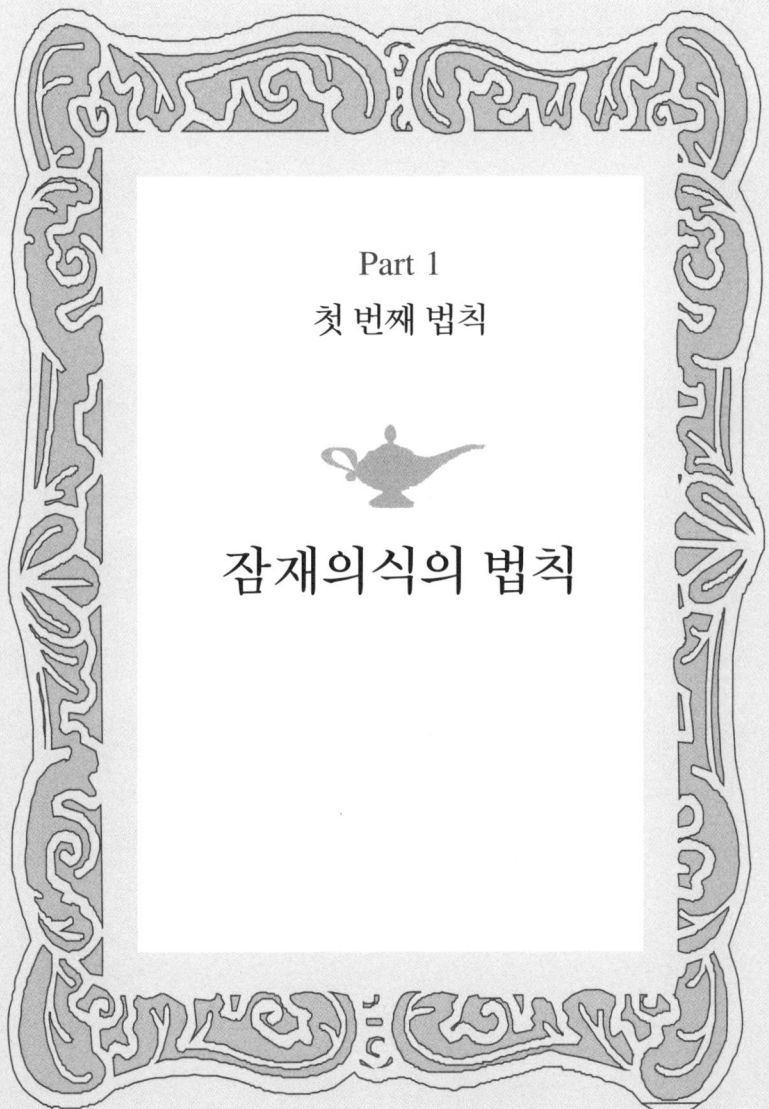

Part 1
첫 번째 법칙

잠재의식의 법칙

출구가 얼마나 좁든
어떤 벌을 받게 되든 상관없다.
내 운명의 주인은 나다.
내 영혼은 내가 지휘한다.

— 헨리Henry

제1장

성공으로 이끄는 램프의 요정

마음의 힘을 이해하라

  석기시대에는 강한 팔뚝과 재빠른 다리를 가진 사람만 살아남았다. 철기시대가 도래했을 때는 사람의 목숨이 좀더 소중하게 여겨졌지만, 여전히 강자가 약자를 지배했다. 그리고 황금의 시대가 왔다. 역시 부유한 사람은 권력을 누리고 가난한 사람은 감독의 채찍을 견디며 노예처럼 살거나 가난과 굶주림의 고통을 겪어야 했다.

  우리는 지금 새로운 시대에 돌입하고 있다. 누구나 스스로 주인공이 될 수 있고 가난한 현실이 끝이 아니며, 사회적인 지위나 소유한 재산의 정도에 상관없이 인간관계를 맺을 수 있는

The Secret of the Ages

'마음의 시대'가 도래하고 있는 것이다.

마음의 능력을 믿지 못하는 사람은 무슨 말인지 이해가 안 될지도 모르겠다. 그렇지만 사람의 마음은 한계가 없으며 에너지와 지혜, 그리고 잠재성의 보물창고임은 과학적으로 증명이 되고 있다. 이런 마음을 깊이 파고들어 숨겨진 멋진 보물을 발견한다면 분명 새로운 힘을 손에 넣을 수 있을 것이다.

천둥, 불꽃, 물을 두려워하던 원시시대부터 자연의 힘을 길들이는 현대문명에 이르기까지, 인류의 진보란 마음 혹은 정신적 발달이 발현된 것뿐이다. 인간의 마음의 능력이 약했다면 연약한 동물처럼 힘센 짐승이나 자연의 힘에 의해 번번이 희생당했을 것이다. 아마도 목숨을 부지하기 위해 언제나 전전긍긍할 수밖에 없는 존재로 전락했을 것이다.

그렇지만 사람은 뛰어난 마음의 능력을 지녔기에 불을 피워 몸을 따뜻하게 하고 음식을 익혀 먹는 법을 배웠다. 야수의 공격을 막고 사냥을 하기 위해 도구를 발명해냈다. 악천후 속에서는 몸을 보호하기 위해 집을 지어야 한다는 것에 생각이 미쳤다. 마음을 발달시켜 자연의 힘을 극복해낸 것이다. 마음의 능력으로 사람은 몇 백만 필의 말이나 수만 명의 인력을 능가하는 기계를 만들어냈다. 앞으로도 어떤 놀라운 위업을 이루어낼지는 아무도 알 수 없다. 마침내 사람은 자신의 능력을 알아차리기 시작했기 때문이다. 한때는 사막 한가운데서 사금을 채

취하는 정도였으나 이제는 그 아래에 묻혀 있는 보석의 광맥을 향해 파 들어가고 있는 것이다.

우리는 삼림이 사라져가는 것을 한탄한다. 석탄이나 원유의 고갈을 걱정하고 산업폐기물 처리를 놓고 설왕설래한다. 그렇지만 우리의 가장 큰 낭비는 마음속에 숨겨진 힘을 제대로 사용하지 않는 것이다. 대부분의 사람들은 원래 가지고 있는 내재된 힘 가운데 10퍼센트밖에 사용하지 못한다. 무한한 능력을 갖고 있으면서도 그것을 제대로 쓰지 못하고 있는 것이다. 신에게 버금가는 뛰어난 힘을 지니고 있으면서 동물과 다를 바 없이 그저 먹고 자고 일하기를 반복하는 따분한 삶을 살아서야 되겠는가? 그렇지만 우리 안에 내재된 힘은 겉으로 드러나고 싶어한다.

자신을 원하는 인물로 만들어 주는 힘, 바라는 것을 얻게 해주는 힘, 추구하는 바를 성취시켜 주는 힘은 당신 안에 잠자고 있으며, 당신 자신이 사용해 주기를 기다리고 있다. 물론 그 방법을 배워야 하겠지만, 우선 그 전에 필요한 것은 자신의 힘을 자각하는 일이다.

세계의 유명한 심리학자나 형이상학자들도 '중요한 모든 것은 마음에 달려 있다'는 사실을 인정하고 있다. 당신은 마음이 원하는 것을 이룰 수 있고, 바라는 인물이 될 수 있다. 당신은 평범한 수많은 사람 중의 한 사람이 아니라, 끝없는 가능성을

The Secret of the Ages

지닌 이 세계의 주역들 중의 한 사람인 것이다. 당신 안에는 올바르게 이끌어 주기만 하면 단조로운 일상생활에서 당신을 구원해 선택받은 사람으로 만들어 주는 힘이 있다. 그 힘은 당신이 사용해 주기를 기다리고 있다.

우리의 몸은 마음이 목적을 달성하기 위해 이용하는 기계에 지나지 않는다. 마음은 보통 '의식을 통해 생각하는 것'을 의미하지만, 전체 마음 중에서 의식이 차지하는 부분은 극히 일부에 지나지 않는다. 가령 의식을 풀가동시킨다 해도 실제로는 마음의 능력 중 아주 조금밖에 사용하지 못하고 있는 것이다.

이는 마치 저단기어를 넣고 계속해서 자동차를 모는 것과 같다. 많은 사람들이 인생에서 성공을 거두지 못하는 이유는 저단기어, 즉 표면에너지로만 달리는 데에 만족하고 있기 때문이다. 잠재의식의 힘을 사용하는 사람은 생각지도 못한 자신의 능력에 놀랄 것이다. 사람의 마음은 의식, 잠재의식, 초超의식이 삼위일체를 이루고 있다.

의식이 하는 일

당신이 보고 듣고 냄새 맡고 만지는 행위는 모두 의식의 작용이다. 오감을 담당하는 것은 의식이다. 자의적으로 근육을 움직이는 것도, 올바름과 잘못을 구별하는 것도, 현명함과 어리석음을 구별하는 것도 모두 의식이 하는 일이다. 의식은 모든 마음과 정신활동을 총괄하는 사령관이라고 할 수 있다. 의식은 계획을 세우고 그에 따라 일을 진행시키기도 하며, 인생의 강을 떠도는 표류물처럼 그저 충동적으로 흘러가기도 한다.

잠재의식과 초의식은 의식을 통해서만 도달할 수 있다. 따라서 의식은 잠재의식이나 초의식에 들어갈 수 있는 관문이라고도 할 수 있다. 잠재의식은 의식을 통해 사물을 감지한다. 따라서 잠재의식이 결과를 내기 위해서는 의식의 협력이 불가피하다. 아무리 뛰어난 병사가 있다 하더라도 사령관이 자신과 부하를 믿지 않고 적을 무너뜨릴 작전을 짜는 대신에, 그저 걱정과 의심만 하고 있다면 그 군대는 어떻게 되겠는가? 마찬가지로 당신의 의식이 걱정과 불안으로 가득 차 있거나 자신의 욕망을 알지 못한다면 잠재의식도 좋은 결과를 낼 수 없다.

무엇보다도 자신이 추구하는 바를 분명히 깨닫는 것이 중요하다. 그리고 추구하는 바가 이루어진다는 확신을 갖고 두려움과 불안을 제거해야 한다. 그러면 불가능이란 없다. 잠재의식은 당신이 보내주는 생각을 받아들여 논리적인 결과를 이끌어낸다. 가령 건강에 대해 긍정적인 생각을 가지면 육체도 건강하고 힘이 넘치게 된다. 반대로 질병에 대한 공포가 당신의 마음을 파고든다면 그 징후가 나타날 가능성이 매우 높아진다.

The Secret of the Ages

마음은 당신 몸의 주인이다. 몸은 작은 우주이고 마음은 그 핵이다. 당신의 모든 시스템에 빛과 생명을 부여하는 태양이다. 그리고 의식이야말로 이 태양의 주인이라고 할 수 있다.

잠재의식이 하는 일

일상생활을 영위하면서 몸속 혈액의 올바른 비중을 유지하기 위해서는 수분과 염분, 그리고 갖가지 성분이 얼마나 필요한지 당신은 알고 있는가? 길을 걸을 때, 차를 운전할 때, 욕실에 있을 때, 스포츠센터에서 열심히 운동을 할 때 그 비율이 얼마나 빠르게 변하는지 알고 있는가? 소금에 절인 연어를 먹으면 섭취된 염분을 중화시키기 위해 물을 얼마나 마셔야 하는지 알고 있는가? 땀을 흘릴 때 어느 정도의 수분을 잃는지는 아는가? 정상적인 건강 상태를 유지하기 위해서 매일 어느 정도의 수분, 염분, 그리고 갖가지 필요 성분을 음식물에서 섭취해야 하는지 알고 있는가?

이 모든 것을 모른다 해도 걱정할 필요는 없다. 이는 위대한 물리학자, 화학자, 수학자라도 잘 알지 못하는 문제일지도 모른다. 그렇지만 당신의 잠재의식은 알고 있다. 잠재의식은 애써 그런 문제를 계산하지 않는다. 당신이 의식하지 않아도 잠재의식은 자동적으로 그런 일을 거뜬히 해치운다. 그것은 잠재의식이 늘 행하고 있는 수천 가지 작업 중 하나에 불과하다. 위대한 수학자도 저명한 화학자도 당신의 잠재의식이 쉴 새 없이 풀고 있는 난해한 문제를 풀 수는 없을 것이다.

이 세상에 태어난 순간부터 당신의 잠재의식은 그런 문제들을 계속해서 풀어 왔다. 당신이 읽고 쓰고 계산하느라 머리가 복잡할 때도, 당신의 스승조차 생각하지 못하는 문제를 해결하고 있는 것이다. 소화, 흡수, 배출과 같은 복잡한 과정과 신진대사를 담당해 왔다. 어릴 때부터 당신의 육체를 만들고 보수하고 조절해 왔다.

사실상 잠재의식은 무한한 힘을 지니고 당신의 건강을 유지해 주고 있을 뿐만 아니라, 인생에서 모든 바람직한 혜택을 제공한다. 이런 힘을 알아차리지 못했다는 사실이야말로 당신이 지금껏 겪은 모든 실패의 원인이라고 할 수 있다. 따라서 이런 놀라운 힘을 일이나 개인적인 문제에 이용할 수 있다면 당신은 어떠한 목표라도 이룰 수 있다.

한마디로 말해 잠재의식은 자비를 베푸는 강력한 존재라고 할 수 있다. 그러나 전기가 우리에게 도움을 주지만 쓰는 방법에 따라 위험할 수도 있듯이, 잠재의식도 잘못 사용하면 해가 될 수도 있다. 윌리엄 월쉬William T. Walsh 목사는 그의 저서에 이렇게 기록하고 있다.

The Secret of the Ages

우리의 잠재의식은 결정하거나 지시하지 않는다. 지배하는 것이 아니라 지배를 받는 것이다. 잠재의식은 우리가 지시한 것, 혹은 진실로 원하는 바를 이루어내는 성질을 가지고 있다. 또한 잠재의식은 생명유지에 필요한 모든 활동을 조절한다. 우리는 호흡하는 것을 의식하지는 않는다. 아무 생각 없이 누구의 지시를 받지 않고 호흡한다. 지금 이 책을 읽는 독자도 호흡하고 있음을 의식하지 못하고 있다. 혈액순환도 마찬가지다. 근육으로 되어 있는 심장은 스스로 움직이지 못한다. 심장을 포함한 모든 근육을 움직이는 것 역시 잠재의식의 역할이다.

사람은 이렇듯 위대한 잠재의식의 힘으로 활동할 수 있고 그 존재를 유지한다. '직관'도 잠재의식에서 나온다. 일상생활 속에서 우리는 종종 그런 멋진 지혜를 이용하지만 인식하지 못하는 경우가 대부분이다.

혹시 음악 신동으로 알려진 '눈 먼 톰 Blind Tom'에 관한 이야기를 듣거나 읽은 적이 있는지 모르겠다. 그는 멜로디를 한 번 듣기만 하면 즉시 피아노로 재현할 수 있었다고 한다. 사람들은 그를 천재라고 말하지만 사실 그는 누구보다 평범한 인물이었다. 그렇게 할 수 없는 우리야말로 실은 평범하지 않은 것이다. 우리의 잠재의식은 들은 것과 본 것을 모두 완벽하게 기억하기 때문이다. 일곱 살짜리 어떤 소년은 7,649.437÷326.2568 같은 계산을 순식간에 해낼 수 있는 능력을 지녔다. 누구나 입을 벌리며 놀랍고 신기한 일이라고 하지만, 실은 당신도 똑같은 능력을 발휘할 수 있다. 적어도 당신의 잠재의식은 할 수 있다.

웰스H. G. Wells의 소설 《신적인 인간Mens Like Gods》에서처럼 잠재의식이 지닌 무한한 지혜를 이용하는 법을 유아기 때부터 가르치게 될 날이 올 것이다. 프랭크 크레인Frank Crane은 《리버티Liberty》라는 잡지에 기고한 글에서 '세상에서 가장 영리한 인간은 내적 인간'이라고 했다. 내적 인간이란 우리 각자의 내부에 존재하며 우리 활동의 거의 대부분을 맡고 있는 존재를 가리킨다. 그것을 '자연'이라 해도 좋고 '잠재적 자아'라고 불러도 된다. 혹은 '힘'이나 '자연의 법칙'이라고 생각해도 되고 종교를 믿는 사람이라면 '신'이라고 할 수도 있다.

사람은 그 누구도 손톱이나 발톱을 자력으로 자라게 할 수 없지만, 내적 인간은 고통 없이 손톱과 치아 그리고 몸의 털을 자라게 할 수 있다. 우리의 행복과 고통의 대부분은 이런 내적 인간에서 비롯된다. 내적 인간을 만족감과 적응력과 결단력 면에서 능숙해지도록 잘 훈련시키면 충실한 하인처럼 우리가 해야 할 대부분의 일을 쉽게 처리해 줄 것이다.

심리학자 칼 구스타프 융Carl Gustav Jung은 잠재의식에는 개인이 지금까지 경험에서 얻은 지식뿐 아니라 인류의 모든 과거의 지혜가 쌓여 있다고 기술하고 있다. 또한 이런 지혜와 힘을 이

The Secret of the Ages

용하면 사람은 건강과 행복, 부와 성공 같은 좋은 혜택을 누릴 수 있다고 밝힌다.

잠재의식은 창조주와 우리, 우리의 생명력과 육체를 이어 주는 매개체라고 할 수 있다. 우주의 마음이 만들어낸 셀 수 없이 많은 선물을 우리는 잠재의식을 통해 손에 넣고 있다. 문학, 예술, 경제, 정치, 발명 등의 분야에서 천재성을 보여준 이들은 잠재의식을 이용하는 법을 배운 사람들로 지극히 평범한 우리와 전혀 다르지 않다고 학자들은 말한다.

뉴턴Issac Newton은 의식적인 노력을 전혀 하지 않고 수학과 물리학의 경이로운 지식을 얻었다고 한다. 모차르트Wolfgang Amadeus Mozart는 자신이 작곡한 아름다운 교향곡들이 '자신에게 다가왔을 뿐'이라고 했다. 데카르트René Descartes는 지극히 당연한 정규교육조차 받지 못했지만 위대한 철학자가 되었다.

잠재의식은 기억의 중추이다. 모든 생각과 이미지는 그곳에 남아 있다. 의식은 불러오고 싶은 것 하나하나를 잠재의식의 파일에서 꺼내는 일을 한다. 하지만 잠재의식의 무한한 지혜와 힘을 자신의 의지로 이용할 수 있다는 것을 이해하는 사람은 극소수에 불과하다.

간절한 소망은 현실이 된다

우리가 무언가에 극도로 집중하거나 강한 욕망을 가지고 있을 때, 우연히 그것이 잠재의식에 도달하여 기록되는 경우가 있다. 그런 생각은 대부분 실현된다. 문제는 부정적인 생각이나 두려움 따위가 잠재의식에 도달하는 경우도 종종 있다는 점이다. 긍정적인 사고와 마찬가지로 이러한 부정적인 사고도 거의 실현된다. 당신은 실현하고 싶은 생각만을 잠재의식에 도달하도록 하는 법을 배워야 한다.

건강을 지나치게 자랑하고 다니는 사람이 있었다. 그러자 그의 친구들이 그를 놀려주기로 했다. 어느 날 아침, 맨 처음 그를 만난 친구는 '몸이 어디 불편한가? 안색이 안 좋군 그래.' 하고 그에게 물었고, 만나는 친구마다 계속 같은 질문을 던졌다. 그러자 결국 그 사람은 친구들의 말처럼 자신이 '병에 걸린 게 아닌가' 하고 의심하게 되었고, 하루 해가 저물기도 전에 진짜로 병에 걸렸다고 한다.

이는 극단적인 예인지 모르겠지만, 우리 주위에서는 이와 같은 일이 종종 일어난다. 어떤 음식을 먹었는데, 누군가가 그 음식이 몸에 해롭다고 지적하면 어쩐지 슬슬 배가 아파오는 듯한 느낌이 든다. 하지만 그 음식이 해롭다는 사실을 알지 못하면 전혀 아무런 느낌 없이 계속 먹을 수 있다.

The Secret of the Ages

　가령 새로운 병이 발견되어 그 병의 증세가 신문에 소개되었다고 하자. 그러면 수백 명의 사람들이 앞다투어 병원을 찾는다. 그들은 자신들이 그 병의 증세에 부합하는 징후를 가지고 있다고 생각한다. 의약품 광고는 이런 심리를 잘 이용하고 있다. 의약품 광고를 한두 개 쯤 읽어보라. 그 약이 효과가 있다는 거의 모든 증세를 자신이 가지고 있는 듯이 생각될 것이다.
　잠재의식은 의식이 보내는 내용을 사실로 받아들여 거기에서 논리적인 결론을 이끌어낸다. 어떤 행위를 하면 '감기에 걸린다', '열이 난다', '병에 걸린다' 하는 이야기를 어디선가 읽거나 들었다고 하자. 당신이 그런 이야기를 의식적으로 부정하지 않는 한 잠재의식은 그것을 사실로 받아들인다. 그리고 그 행위를 하게 되면 실제로 감기에 걸리거나 열이 날 가능성이 훨씬 높아진다. 이것이 바로 잠재의식의 부정적인 측면이다.
　한편 자기암시의 세계적 권위자인 에밀 쿠에Emile Coué라는 의사는 잠재의식의 긍정적인 측면을 토대로 독특한 이론을 창안했다. 환자가 몸이 좋아지고 있다는 암시를 잠재의식에 주게 되면 실제로 병이 호전된다는 것이다. 올바르게 실행하면 놀랄 만한 효과가 있지만 이 방법에는 약점이 있다. 잠재의식에 주입하는 암시가 마음 깊이 뿌리박힌 신념이나 오랫동안 믿어온 것, 혹은 제멋대로 상상한 것에 반하는 경우 실패할 확률이 높다. 잠재의식이 그 암시를 받아들이지 않기 때문이다. 이런 경우에는 오랫동안 믿어온 내용을 변화시키기 위해 어떤 조치를 취해야만 한다. 이를테면 잠재의식을 납득시킬 필요가 있는 것이다. 그 방법에 대해서는 나중에 설명하기로 하자.

여기서는 당신의 잠재의식이 놀랄 만큼 현명하고 강력하다는 사실을 이해하자. 책에는 나와 있지 않은 정보를 잠재의식은 이미 알고 있다. 바르게 사용하면 확실한 힘을 보여준다. 잠재의식은 잠을 자지 않으며 피곤해하지도 않는다. 당신의 의식은 간혹 선잠에 빠질 수도 있다. 누군가에게 세게 얻어맞거나 마취되면 의식은 활동을 할 수가 없다. 하지만 그런 경우에도 잠재의식은 계속해서 활동을 하고 있다. 당신의 심장과 폐, 혈관과 내분비계를 계속해서 움직여 준다.

일반적인 상황에서 잠재의식은 충실히 자신의 의무를 수행하고 있으며, 몸 외부의 활동은 의식에게 그 관리를 맡겨 놓고 있다. 그렇지만 만일 의식이 대처할 수 없는 상황에 직면하게 되면, 잠재의식은 '램프의 요정'이 되어 당신을 위기에서 구출할 것이다.

생명이 위태로울 정도로 위험한 상황에 처해 있다가 정신을 차리고 깨어나 보니 위험이 감쪽같이 사라졌음을 경험한 사람들이 있다. 이것은 바로 위험에 처한 순간에 잠재의식이 잠시 동안 의식을 쫓아내고 위험을 극복해낸 것이다. 잠재의식의 명령을 받는 육체는 평소의 능력으로는 도저히 불가능한 일을 해

치울 수 있다.

잠재의식의 힘은 무한하다. 필요하다면 잠재의식은 당신에게 엄청난 힘과 능력을 부여해 당신이 바라던 바를 실현시켜 준다. 그 '만능의 왕국'은 바로 당신 안에 있다. 하지만 명심하라. 잠재의식은 마음 깊은 곳에서 일하며 부여받은 사실에 기초해 논리적으로 판단하기 때문에, 그 사실에 반하는 방향으로는 나아가지 않는다. 잠재의식의 방향을 바꾸고 싶으면 그것을 능가할 만한 강력하고 새로운 사실을 부여해야만 한다. 아니, 할 수만 있다면 원래의 사실을 무효화시킬 필요가 있다.

제2장

마음과 우주의 법칙

상상을 초월하는 힘

감자를 캐 본 적이 있는가? 흙 속에서 자란 동글동글한 감자 덩이들을 본 적이 있는가? 감자가 어떻게 대기 중에서 이산화 탄소를 받아들이고 땅속에서 수분과 필요한 양분을 빨아올려 당분과 전분과 알코올을 만드는지 알고 있는가? 감자 자신은 물론 그 사실을 인식하지 못하면서도 그런 일을 하고 있다. 만들어진 전분은 세포가 되고 세포는 뿌리, 덩굴, 잎이 되어 감자가 되는 것이다.

당신은 이런 과정을 '위대한 자연의 힘'이라고 생각할 것이다. 이런 것을 인공적으로 만들어낼 수 없다면 분명 자연에는

The Secret of the Ages

놀랄 만한 지성知性이 잠재해 있음이 틀림없다. 위대한 자연의 배후에는 탁월한 지성이 존재하는 것이다. 이 행성에 최초의 생명을 가져온 지성, 모든 식물과 동물의 형태를 진화시켜 온 전지전능한 지성 말이다.

감자는 그런 지성의 작은 발현에 지나지 않는다. 식물이나 동물, 인간의 복잡 다양한 모습들은 각기 삼라만상의 체계에서 하나의 미세한 톱니바퀴에 불과하다. 하지만 사람에게는 다른 생명체와 구별되는 점이 한 가지 있다. 그런 힘을 무심코 받아들이는 감자와는 달리, 사람은 이 강력한 지성, 즉 우주의 마음을 이루는 능동적인 구성체라는 것이다. 그리하여 사람은 우주의 마음과 상호작용을 통해 창조적 지혜와 힘을 이용함으로써 무슨 일이라도 할 수 있다. 어떤 일이라도 실현시킬 수 있으며, 되고 싶은 어떤 인물이라도 될 수 있다.

모든 사람에게는 이성과 상상을 초월하는 일을 수행할 수 있는 절대적인 힘이 있다. 이는 전지전능하고 현명하기 그지없는 마음이다. 이는 일상생활에서 의식하고 있는 마음과는 전혀 다른 마음으로서 '초의식' 또는 '고차원 자아'라고 불리는 것이다.

잠재의식은 지혜와 힘을 초의식과 서로 공유한다. 당신은 잠재의식을 통해 초의식에 도달함으로써 당신이 바라는 것을 얻을 수 있다. 이처럼 잠재의식을 이용한다면 당신은 우주의 마음의 일부인 초의식과 교신할 수 있다.

명심하라. 우주의 마음은 전지전능하다. 잠재의식이 초의식과 조화를 이룰 때 불가능한 일은 없다. 태초에 세계를 탄생시킨 창조의 힘이 당신에게 존재한다. 초의식이 속한 우주의 마음은 당신이 바라는 무엇이든 이루어 줄 수 있다.

당신이 아주 평범한 사람이라면 현실이 그다지 만족스럽지 않을 것이다. 그렇다면 현실을 어떻게 개선할 것인가? 그 답은 간단하다. 다시 창조하면 된다. 필요한 일은 마음속에 뚜렷한 이미지를 그리고 모든 창조력을 쏟아 부을 수 있는 믿음을 갖는 것이다.

이를 이해한다면 기도의 힘도 이해할 수 있다. 기도로 성취된 소망은 신이 특별히 베풀어 주는 것이 아니다. 신은 감언으로 속이거나 추켜세운다고 해서 소망을 이루어 주는 유한한 존재가 아닌 것이다. 진지하게 기원할 때 당신은 바라는 것에 대한 심적 이미지를 마음속에 확실히 품게 된다. 그리고 그것이 실현된다고 강력히 믿는다면, 우주의 마음의 일부인 당신의 초의식은 그 이미지를 충분히 현실화할 수 있을 만한 창조의 힘을 발휘한다. 당신은 뜻한 바를 이루기 위해 초의식을 움직일 수 있으며, 그 힘에 의해 소원을 성취할 수 있다. 하지만 그러기 위해서는 초의식이 당신의 지시를 충실히 따를 것이라고 믿어야 한다. 믿는다면 모든 일이 가능하다.

당신의 주위에는 우주의 생명력이 충만해 있다. 이는 모든 존재의 원천이다. 당신은 원하는 대로 그것을 사용할 수 있는 창조주로서 다음의 네 가지 조건만 따른다면 무엇이든 성취할 수 있다.

1. 자신이 바라는 것에 대한 이미지를 마음속에 확실히 그린다. 이것은 무언가를 성취하기 위한 틀이 된다.
2. 자신의 내부에 강력한 힘이 있다는 사실을 깨닫는다.
3. 자신의 창조력에 대한 믿음, 이미지에 생명력을 불어넣어 그것을 현실화시킬 수 있다는 믿음을 갖는다.
4. 바라는 바가 실현된다는 당신의 믿음을 잠재의식, 그리고 그것을 통해 초의식에게 납득시키기 위해 무언가 구체적인 행동을 한다. 예를 들어 집 장만을 간절히 원했던 어떤 여성은 한 장의 널빤지와 못을 늘 자신의 곁에 두었다. 널빤지와 못이 집을 짓기 위한 원자재이고, 그것을 통해 자신의 염원을 늘 염두에 두기 위해서였다.

생각이 우주와 인간을 잇는다

우주의 마음이란 궁극의 지성이며 우주의 창조주이다. 당신도 나도 그의 일부이고, 우리가 요구한다면 어떤 일이라도 우주의 마음으로부터 도움을 얻을 수 있다. 당신 안에 잠자고 있는 힘을 구체화시켜 이용하는 간단한 방법을 배우는 것이 이 책의 목적이다.

'나에게도 그런 힘이 있다'고 깨닫는 것만으로는 충분하지 않다. 그것을 움직여야 한다. 그것도 한두 번이 아니라 매시간마다, 그리고 매일같이 반복적으로 실행시켜야 한다. 잘 되지 않더라도 실망하지 말기 바란다. 셈을 처음 배울 때는 늘 정답이 나오지는 않는다. 그렇다고 수학의 원리를 의심할 수는 없다. 잘못은 당신이 푸는 방식이지 원리가 아니라는 사실을 잘 알고 있을 것이다. 마찬가지로 힘은 언제나 거기에 있다. 그 힘을 바르게 사용할 수 있으면 만사형통이다.

자신이 우주의 마음의 일부이며 그와 같은 힘을 갖고 있다는 사실을 이해하는 사람들은 많지 않다. 하지만 잘 생각해 보기 바란다. 바닷물 한 방울도 거대한 바다와 같은 성분으로 되어 있다. 전기 불꽃은 번개와 같은 성질을 갖고 있다. 우리는 그런 힘의 존재를 이해하고 이용하기만 하면 된다.

태초에 모든 것은 공空이고 공간이고 아무것도 없었다. 우주의 마음은 행성과 공기와 대지와 온갖 사물들을 어떻게 만들어냈을까? 그 첫 단계는 마음의 이미지를 창조하는 것이다. 당신도 우선 그것부터 시작해 보라. 당신의 운명, 행운, 행복을 가

능한 한 구체적인 생각으로 그려 보라. 그리고 그것의 실현을 굳게 믿어 보라. 공포나 불안 따위로 그런 아름다운 이미지를 손상시켜서는 안 된다. 당신이 그린 이미지의 질에 따라 마음 속 힘의 세기가 결정된다. 뚜렷하고 강력한 생각은 그 결실을 맺기 위해 필요한 모든 요소를 끌어당기는 힘을 가지고 있다.

당신의 의식과 우주의 연결 고리는 바로 생각이다. 진취적이고 좋은 것을 바라는 생각은 우주의 마음에 도달한다. 그러면 우주의 마음이 힘을 발휘해 그 생각을 실현시킨다. 다른 수단이나 방법은 생각할 필요도 없다. 우주의 마음은 필요한 결과를 산출해내는 방법을 알고 있기 때문이다. 모든 문제의 올바른 해결 방법은 하나뿐이다. 무엇이 옳은지 판단이 서지 않는다면 우주의 마음에 맡기면 된다. 결과에 대해서는 결코 두려워할 필요도 없다.

명심하기 바란다. 당신의 마음은 우주의 마음을 끌어당기는 전도체이다. 그리고 생각은 이 둘을 연결하는 에너지다. 이 전도체는 사용할수록 전도율이 좋아진다. 많은 것을 추구할수록 더욱 많은 것을 받을 수 있다. 우주의 마음은 주는 것을 결코 아까워하지 않는다.

구하라 그리하면 받을 것이요, 찾으라 그리하면 찾을 것이요, 두드려라 그리하면 열릴 것이다.

이 성경 말씀은 인생의 법칙이기도 하다. 사람은 가난과 고난을 겪도록 운명지워진 것이 아니라, 우주의 마음과 조화를 이루며 차원 높은 삶을 살도록 되어 있다. 우주의 마음과 하나가 될 수 있다는 사실을 이해한다면 당신은 지금까지와는 다른 사람이 될 수 있다. 우선 삶에 있어 두려움과 불안이 사라진다. 당신이 마음속에 소망을 얼마나 뚜렷이 가지고 있고 그것의 실현을 얼마나 굳게 믿는가에 따라 앞으로의 성공과 건강과 행복이 결정되기 때문이다.

마음의 능력을 사용하지 않는 사람은 지금까지 그래왔듯이 앞으로도 고통과 불안 속에서 따분하고 힘든 일을 반복하며 살게 될 것이다. 마음의 능력을 사용하는 일이 적을수록 삶의 고통은 증가하고 보다 많은 땀을 흘려야만 할 것이다. 육체적으로 아무리 힘들게 일해도 그 대가는 늘 만족스럽지 않고 미래는 더욱 암담해질 뿐이다. 그 이유는 세상을 지배하는 것이 마음이기 때문이다.

당신의 마음을 최대한 이용하는 것은 단지 의식을 충분히 가동시키라는 의미가 아니다. 당신의 의식을 내적 인간과 연결시키는 것을 의미한다. 《지킬박사와 하이드 Dr. Jekyll and Mr. Hyde》의 저자 로버트 루이스 스티븐슨 Robert Louis Stevenson은 내적 인간을 '마음속의 작은 요정'이라고 표현했다. 그는 이중인격자에 대한 이야기를 구상하다가 꿈속에서 한 인물이 다른 인물로 변신

The Secret of the Ages

하는 이미지를 보고 이 소설의 플롯을 짤 수 있었다. 며칠 동안 고민해 왔던 구상을 구체화시켜 준 마음속 자아를 그렇게 칭했던 것이다.

보통 사람들도 어떤 문제를 해결하기 위해 고심하다가 이와 유사한 체험을 하는 경우가 종종 있다. 모든 각도에서 접근해 보아도 도저히 풀리지 않고 오히려 점점 더 미궁에 빠져든다면, 그 문제를 거의 포기한 채 얼마 동안 덮어버리게 된다. 그러고 나서 어느 날 그 문제를 다시 생각해 보려고 하는 순간, 갑자기 기적같이 모든 게 명확해지고 해결책이 떠오르게 된다. 문제를 해결해 준 이는 바로 당신 마음속에 있는 '작은 요정'이다.

번뜩이는 지혜는 뇌에서 저절로 생기지 않는다. 강력한 집중력으로 잠재의식을 통해 우주의 마음과 연결되는 회로를 만들면 거기에서 지혜가 생겨나는 것이다. 모든 진보와 모든 천재성은 여기에서 탄생한다. 그런 회로를 만드는 것을 배우면 당신은 필요에 따라 그것을 자유자재로 이용할 수 있다.

잠재의식의 요정을 깨우는 법

작가 듀몬트Theron Q. Dumont는 자신의 저서 《매스터 마인드The Master Mind》에서 다음과 같이 말하고 있다.

개인의 내적 의식 속에는 우리의 정신활동을 기꺼이 도와주는 힘이 존재한다. 옛 동화에 나오는 이야기들은 이런 심리학적 진실을 담고 있다. 내적 의식 속의 도우미를 불러 내는 과정은 잊어버린 사실이나 이름을 생각해내는 것과 비슷하다. 어떤 사실이나 날짜 혹은 이름을 떠올리지 못할 때는 이리저리 머리를 쥐어짜는 대신 '그 이름을 떠올리고 싶다'는 명령을 내적 의식에 내리고 일상적인 일로 되돌아가라. 그러면 몇 분 후 혹은 몇 시간 후 잊어버린 이름이나 사건이 문득 떠오를 것이다. 생각해내고 싶은 사실이나 정보가 이렇듯 친절한 도우미의 손을 빌어 내적 의식의 평원에서 빛을 발하는 것이다. 이는 내적 의식이 수행하는 역할을 잘 보여 주는 예이다. 당신을 위해 활동하는 마음은 문제의 해답을 찾고 나서 당신이 그것을 사용할 수 있도록 의식의 지평으로 밀어 올려 준다.

잠재의식의 요정을 잘 이용하기 위해서는 '잠재의식의 저장고'라는 심적 이미지를 그려두면 좋다. 잠재의식의 저장고에는 당신이 살아오면서 구축한 모든 지식뿐 아니라, 인종적 유산으로 전해져 온 수많은 기억이 쌓여 있다. 이런 정보는 체계적인 시스템이나 순서에 따라 저장되어 있지 않기 때문에, 어디에 보관했는지 기억나지 않는 오래된 정보를 불러내려면 마음속 요정의 도움이 필요하다. 그는 '날 위해 이걸 찾아내라'는 당

신의 명령을 충실히 따른다. 새벽 열차를 타기 위해 4시에 당신을 깨우도록 지시하면 마음의 시계 역할을 어김없이 수행한다. 또한 마음의 요정은 약속을 어기지 않도록 미리미리 의식에게 정보를 전달한다. '존스와 2시에 약속이 있다'는 정보를 받으면 어느 순간 당신은 문득 손목시계를 보게 된다. 그러면 정확히 15분전 2시. 바로 약속 시간 직전임을 일깨워 준다.

또 한 가지 중요한 사실은 당신이 한 번 마음에 둔 것은 완전히 지워지는 법이 없다. 생각나지 않는다 해도 잠재의식 어딘가에 기억되어 있기 때문에 오랜 시간이 흘러도 언젠가는 마음의 요정이 소생시켜 준다. 어떤 생각이든 문제든, 일단 당신의 잠재의식으로 전달된 것은 내적 인간 혹은 마음의 요정이 해결해 줄 것이다. 예일 대학의 브랜드 블랜샤드 Brand Blanshard 교수는 어떤 문제를 해결하기 위해 잠재의식을 움직이기 위해서는 다음과 같은 다섯 단계가 필요하다고 기록해 놓았다.

1. 당신의 문제를 명확히 의식한다. 처음에는 확실한 질문의 형태로 떠올려 본다. 생각하는 일은 명상도 공상도 아니고 영혼을 불러오는 일도 아니라는 점을 명심한다. 그것은 어떤 문제를 해결하기 위한 단서를 찾는 일이다.
2. 우선 현재 가지고 있는 수단이나 방책을 총동원한다. 그리고 의식적으로 생각해낼 수 있는 모든 단서를 찾아본

다. 이는 잠재의식을 가동시키는 동력이 된다.
3. 시간적인 여유를 갖는다. 잠재의식은 재촉받거나 위협받는 것을 싫어한다.
4. 잠재의식이 암시를 줄 때는 놓치지 않는다. 언제 어떤 상황에서 암시를 던져줄지 모르므로 다른 일을 하고 있을 때는 잠시 중단하고 그 무언의 소리에 귀를 기울인다.
5. 잠재의식적인 사고와 걱정을 혼동하지 않는다. 둘 다 골똘히 생각에 잠긴 모습은 비슷해 보여도 이들은 서로 숙적이다. 걱정은 반#의식적인 두려움으로, 생각과 행동의 원천을 봉쇄해버린다. 두려움에 사로잡히거나 산란한 마음속에서 창조적 활동은 이루어지지 않는다.

당연한 얘기지만 무슨 일이든 한두 번의 시도로 성공하는 경우는 극히 드물다. 수학 문제를 풀 때 반복해서 연습할 필요가 있는 것과 마찬가지다. 포기하지 않고 거듭하다 보면 언젠가는 틀림없이 할 수 있게 된다.

소원이 있다면 우선 마음속에 그것을 떠올려라. 그것도 뚜렷하고 구체적인 형상으로 떠올려라. 그리고 소원이 이루어지면 해야 할 일과 하고 싶은 일을 지금 자신이 하고 있다고 상상해 보라. 당신이 주인공인 완벽한 이야기를 구성해 보라. 그리고 소원이 실제로 성취된 것처럼 기쁨과 만족감을 느껴라.

The Secret of the Ages

　또한 잡지 같은 데서 자신의 소원과 부합하는 사진을 오려내어 그 사진을 잘 보이는 곳에 붙여 두고 그 옆에 '나는 이것을 실현한다' 혹은 '구하라 그리하면 받을 것이다'와 같은 격언이나 성경 문구를 써 두라. 그런 다음 충분한 휴식 시간을 가지고 숙면을 취하라. 내적 인간이 아무런 방해도 받지 않고 당신의 소원을 성취하기 위한 작업에 들어갈 수 있도록 말이다.

　잠에서 깨면 잠시 동안 자신의 소원을 기쁜 마음으로 떠올리기 바란다. 의심이나 두려움 따위가 잠입하게 해서는 안 된다. 자신의 소원이 지금 계속 이루어지고 있다고 생각한다. 굳건한 믿음을 갖고 불안과 걱정 따위의 해악을 단호히 물리쳐라.

　소원을 성취하기 위한 기본 단계는 당신이 믿는 것을 잠재의식에게 납득시키는 것이다. 그러기 위해서는 무엇인가를 준비하는 것이 중요하다. 예를 들어 집을 원한다면 싸구려라도 좋으니 새 가구나 부엌용품 따위를 구입하라. 이미 집을 장만했다는 의식을 가지고 널빤지를 사와 선반을 만들어 보는 것도 좋다. 부자가 되고 싶다면 이미 부자가 된 것처럼 기부를 하는 일부터 시작해 보라. 현실에서 소원을 이미 달성한 것처럼 연기를 하는 것이다. 시인 에머슨 Ralph Waldo Emerson은 이렇게 말했다.

　"무언가를 행하라, 그러면 그 보상이 따를 것이다."

　우주의 마음에는 모든 문제에 대한 올바른 답이 있다. 문제가 아무리 복잡해도 아무리 단순해도 마찬가지다. 그리고 해답이 있기 때문에 그 해답을 증명하고 확인해 주는 능력도 가지고 있다. 우주의 마음에 도움을 청하고 그 지시를 따른다면 당신은 알고자 하는 모든 것을 알 수 있으며 하고자 하는 모든 것을 할 수 있다. 매일 밤 지금까지 제시한 방법을 시도해 보라. 해결될 수 없는 삶의 문제는 없다.

의식의 너머에 혹은 외곽에 있는 심적 지평이 주목받기 시작한 것은 얼마 되지 않았다. 우리의 정신활동에는 이 숨겨진 마음이 중요한 역할을 수행하고 있다는 것이 밝혀졌다. 한 가지 중요하고 명확한 사실은 정신적 능력 혹은 마음의 능력이 지금까지 생각해 왔던 것보다도 훨씬 강하다는 점이다. 당신이 소유한 '마음의 국가'는 실은 광대한 제국이다. 그 제국의 영토는 보통 사람들이 자신의 정신활동이 이루어진다고 생각하는 영역보다 훨씬 광활하다.

'자아'라는 것은 '마음의 제국을 다스리는 황제'라고 할 수 있다. 무의식, 잠재의식, 초의식이라는 새롭게 발견된 마음의 영역을 고려해 본다면, 자아는 극히 일부밖에 탐색되지 않는 광대한 제국의 황제인 것이다.

'당신은 스스로 생각하는 것보다 위대하다'는 오래된 격언을 다시 한 번 되새겨 보라. 당신의 자아는 새로운 세계를 바라보고 있다. 콜럼부스 Christopher Columbus 같은 존재로서 신세계의 소유자이자 통치자이다.

The Secret of the Ages

　잠재의식이 하는 일은 여러 가지가 있다. 우선 육체의 모든 기능적인 활동을 맡고 있다. 소화, 흡수, 영양 섭취, 배출, 분비, 순환, 생식 등 요컨대 당신의 모든 생명활동을 책임지고 있다. 다음으로 잠재의식은 당신의 본능적인 활동을 조절한다. 당신이 의식하지 않고 자동적으로 행하거나 습관적으로 하는 일은 사실 잠재의식이 수행하고 있는 것이다. 이런 일에서 해방된 의식은 다른 작업에 집중할 수 있다. 당신이 무엇인가를 무의식적으로 할 수 있다는 것은 그 작업을 의식에서 잠재의식으로 넘겨 주었다는 뜻이다.

　아울러 잠재의식은 감정활동에도 큰 역할을 수행하고 있다. 의식의 지평으로 떠오른 감정은 잠재의식의 심연 속에서 탄생한 기본 활동의 표상일 뿐이다. 당신의 기본적이고 본능적인 감정은 습관, 유전, 인종적 유산으로서의 기억 등에 의해 계속 축적되어 온 것으로 잠재의식에서 탄생한다. 감정활동의 모든 재료는 잠재의식의 평원에 축적되어 있는 것이다.

　또한 잠재의식은 기억을 처리하는 일도 맡고 있다. 잠재의식의 평원은 광대한 기억의 창고이다. 이 평원에서 기억이 기록되고 분류되는 과정이 이루어지며, 그에 따라 연상이나 회상, 인식이 가능한 것이다. 이 평원에서는 개인적인 경험이나 인종의 기억들이 보존되어 있으며, 이것들이 당신의 인생에서 매우 중요한 '본능'이라는 것으로 표면화된다.

마음의 제국 탐색하기

 잠재의식의 수많은 영역을 구석구석 탐색해 보라. 이 새로운 제국에는 당신과 모든 인류에게 유익하고 귀중한 자원이 축적되어 있다. 그것을 당신에게 보여 주고, 그것을 발굴하여 실용적인 용도로 바꾸는 법을 전하는 것이 이 책의 목적이다.
 위대한 잠재의식의 신비한 힘은 길들일 수 있다. 사실, 정도의 차이는 있지만 당신은 지금까지 수많은 정신활동에 이 힘을 사용해 왔다. 다만 법칙이나 원칙을 모르고 본능적으로 이용했을 뿐이다. 이것이 어떤 힘이고 어떻게 활동하는지를 이해하고 효과적인 결과를 얻기 위한 최선의 방법을 배우면, 자신의 의지로 이 힘을 더욱 능숙하게 활용할 수 있다.
 대부분의 사람들은 잠재의식이 지닌 능력의 25퍼센트밖에 활용하지 못하지만, 원칙과 방법을 배운 사람은 100퍼센트 가까이 사용할 수 있다. 다시 말해 잠재의식의 정신활동을 4배로 끌어올릴 수 있는 것이다. 또 이렇게 증대된 힘은 정신적 피로나 괴로움이라는 대가를 필요로 하지 않는다. 오히려 잠재의식을 효율적으로 활용하는 사람은 의식적인 활동으로 초래되는 정신적 긴장감에서 해방될 수 있다.
 다음으로 초의식의 힘을 생각해 보자. '고차원 자아'인 초의식에는 '보호의 힘'이라는 중요한 기능이 있다. 아마 대부분의 사람들이 이런 깊은 자비심의 힘을 경험한 적이 있을 것이다. 이 존재는 각자의 경험이나 생각에 따라 여러 가지로 해석되어 왔다. 어떤 이들은 이를 '인정많은 천재'라 했고 또 다른 이들은 '수호천사'라 했다. 그중에는 '영혼의 동반자'라고 여겼던 사람들도 있는데, 대다수는 그 존재와 힘을 확실히 느끼면서도 별다른 이름을 붙이지는 않았다.

이름을 붙이든 붙이지 않든, 이 불가사의한 존재는 누구에게나 한량없는 자비심을 지닌 존재로 알려져 있다. 이 힘은 당신의 삶 속에서 종종 경고를 보내기도 하고, 어떤 때는 당신이 유리한 결과를 얻도록 미묘하게 작용한다. 그리고 해가 된다고 여겨지는 환경이나 조건을 피하도록 도와준다. 이 존재는 당신을 위해 유능한 경비원과 같은 역할을 수행한다.

고차원 자아는 어떤 친구보다도 진지하고 충실하며 한결같다. 왜냐하면 그는 '당신 자신'이기 때문이다. 당신의 이익은 그의 이익이다. 그는 늘 당신에게 충실하며 놀랄 만큼 헌신적으로 당신의 이익을 생각해 준다. 아버지처럼 당신을 지켜 주고 어머니처럼 당신을 사랑하며 형제처럼 도와줄 것이다. 고차원 자아의 존재를 명확히 드러내 주고 힘을 쓸 기회를 제공한다면, 그는 당신을 위해 큰 일을 해 줄 것이다.

이렇듯 고차원 자아가 당신을 위해 힘을 발휘하기 위해서는 그의 존재를 인식하고 이해해야 한다. 당신이 무관심하거나 그의 존재를 인식하지 못하고 그의 힘을 이해하지 못하면 고차원 자아는 실망한다. 특별한 훈련이나 계발도 필요 없다. 다만 당신이 인정하고 이해만 해 준다면 그것으로 족하다. 고차원 자아는 지금까지도 당신을 위해 많은 일을 해 주었다. 그와 제대로 만날 수 있다면 이제부터라도 당신의 이익을 위해 보다 훌륭한 일을 해 줄 것이다.

고차원 자아는 날카로운 비판의 눈을 갖고 있으며 깊은 통찰력을 갖고 있다. 그는 언제나 사물을 예리하게 간파할 수가 있기 때문에 당신을 올바른 길로 인도해 준다. 당신이 샛길로 빠지거나 구렁텅이에 빠지지 않고 탄탄대로로 나아갈 수 있도록 이끌어 주는 것이다. 이 위대한 자아는 더할 나위 없는 안내자이다. 그는 다름 아닌 당신 자신이므로 누구보다도 당신을 친절하고 다정하게 대해 준다.

당신의 새로운 마음의 제국은 전부 당신 소유이다. 당신이 지배하고 통치하고 탐색하고 키워나가야 할 제국이다. 당신이 거주해야 할 곳이다. 당신의 의지대로 여러 가지 일을 할 수 있는 장소이다.

'나는 나'라고 단언할 수 있는 당신의 '진정한 자신'이 의식과 잠재의식과 초의식의 중심임을 기억하라. 이들은 모두 진정한 자신을 표현하는 통로이자 도구인 것이다.

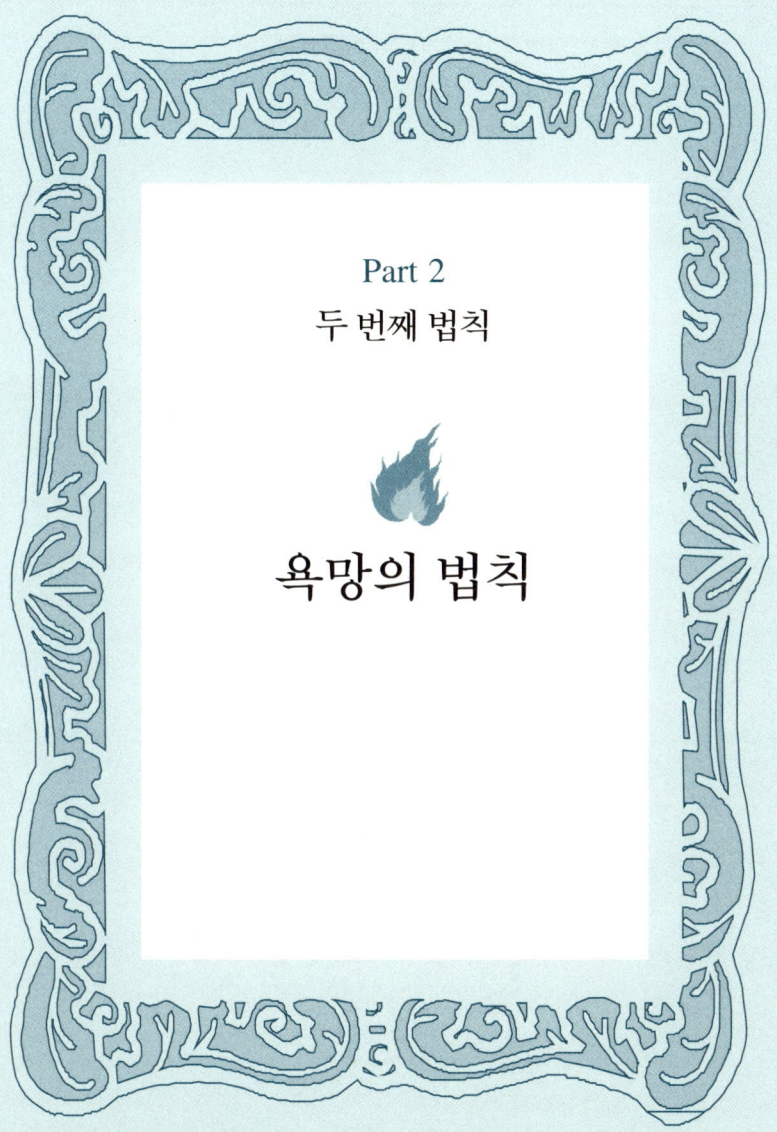

Part 2
두 번째 법칙

욕망의 법칙

그것을 얻기 위해
세상에 나아가 싸움을 주저하지 않고
밤낮을 가리지 않고 일하며
시간과 평화와 잠을 포기할 정도라면,
그것을 얻기 위해
간절한 욕망을 가지고 있고
결코 싫증을 내지도 않으며
다른 모든 것들이 값싸고 하찮게 보인다면,
그것 없이는
삶이 공허하고 무의미하며
당신이 생각하고 꿈꾸는 게 오로지 그것이라면,
그것을 위해서 기꺼이 땀을 흘리고,
그것 때문에 애태우고,
그것을 위해 계획하고,
그것 때문에 신과 인간에 대한 두려움을 잊었다면,
당신의 모든 능력, 힘, 판단력, 믿음, 희망, 자신감, 끈기로써
오직 그것을 추구할 뿐이라면,
가난, 굶주림, 질병, 그리고 육체와 정신의 고통
그 무엇도 당신이 원하는 그것으로부터
당신을 떼어놓을 수 없다면,
당신이 끈질기고 단호하게 그것을 공격한다면,
당신은 그것을 얻을 수 있다!

—버튼 브레일리 Berton Braley

제3장

욕망은 절대법칙이다

바라는 것을 마음에 그려라

야망. 왠지 눈이 부실 것 같은 단어이다. 듣기만 해도 의욕을 이끌어내어 무언가를 하고 싶고 이루고 싶은 생각이 들게 하는 말이다. 야망이라는 것은 도대체 무엇일까? 야망은 단지 무언가에 대한 열의만을 가리키는 말은 아니다. 마음 깊숙한 곳에 큰 이상을 품고 이를 실현하고자 하는 강력한 바람을 의미하는 것이다.

무언가를 성취하기 위해서는 우선 야망을 품어야 한다. 그리고 야망을 갖기 위해서는 그 전제로 마음의 갈구, 즉 욕망이 필요하다. 욕망을 채운다는 목적이 있음으로 해서 야망이 생긴

다. 요컨대 마음의 갈구를 자극하는 것이 야망을 불러일으켜 목적을 실현하기 위한 행동을 취하게 되는 것이다.

그렇다면 욕망은 어떻게 생기는 것일까? 야망이라는 큰 그림의 밑바탕인 욕망에는 심리학적 법칙이 깔려 있다. 그것은 '욕망이 생기려면 마음속에 이상을 품어야 한다'는 것이다. 음식물을 보거나 냄새를 맡을 때 위가 자극을 받아 위액이 분비되는 것과 같이, 욕망도 이상을 실현하기 위해 필요한 것들을 생각함으로써 생긴다. 당신이 현재의 삶에서 만족하고 바라는 게 아무것도 없다면 더 좋은 것, 더 바람직한 것을 아직 본 적도 들은 적도 없기 때문이다. 아니면 육체적으로나 정신적으로 너무 게으르기 때문이다.

날카로운 막대기로 땅을 개간하는 미개한 농부가 철제 농기구에 대해 알지 못한다면 그걸 원할 턱이 없다. 하지만 그가 철제 농기구를 한 번 본다면 그것이 얼마나 유익한가를 깨닫고 관심을 갖게 된다. 그리고 그가 진보적인 생각을 가지고 있다면 그것을 꼭 손에 넣고 싶어할 것이다. 그때 그의 마음속에서는 새롭고 기이한 욕망이 꿈틀거리기 시작한다. 이런 욕망이 점차 커지면 드디어 야망이 싹트게 되는 것이다. 그 지점이 바로 임계점이다.

강한 욕망을 품어 오다가 의지가 더해지면서 야망이 싹트기 시작한다. 요컨대 야망의 본질은 강한 욕망을 원천으로 하여 강한 의지가 가세한 것이다. 이러한 두 가지 요소가 없이는 야망이 성립할 수 없다. 따라서 의지가 없는 욕망은 야망이라고 할 수 없다.

무언가를 추구하는 욕망을 가지고 있지만 그것을 뒷받침할 의지가 없다면, 야망이라는 것은 빛을 보기 전에 시들고 만다. 또한 의지가 강철처럼 굳건할지라도 그것을 자극해 활기를 불어넣을 강한 욕망이 없다면 역시 야망으로 구체화되지 않는다.

야망을 품기 위해서는 우선 무언가를 강하게 추구해야 한다. 단지 기대하거나 원하는 수준이 아니라, 가득 채우지 않으면 성이 차지 않을 정도의 강하고 격렬한 욕망이 필요하다. 그리고 그 욕망을 채울 수 있는 의지를 지녀야만 한다. 이러한 두 가지 요소에 의해 야망이 구성된다.

이 세상에서 성공한 사람들에 대해 곰곰이 생각해 보라. 그들 대부분은 강한 야망을 품었다는 사실을 알 수 있다. 그들은 오래 전부터 무언가에 강한 욕망을 느끼고 그 욕망을 충족하고자 하는 확고한 의지가 있었다. 카이사르 Julius Caesar 와 나폴레옹 Napoleon Bonaparte 과 같은 영웅들, 그들과 맞섰던 이들, 그리고 지난 세기부터 지금까지 활약한 대기업가들의 전기를 읽어 보면 모두가 뜨거운 야망을 가졌다는 사실을 알게 된다.

우리는 어린 시절부터 '사람은 주어진 환경에 만족해야 한다' 혹은 '제 분수를 지키며 살아야 한다'라는 말을 듣곤 했다.

The Secret of the Ages

그렇지만 이는 실로 자연의 섭리에 어긋나는 말이다. 이 세상의 모든 생물은 필요한 것을 구함으로써 만족과 행복을 얻을 충분한 자격과 권리를 갖고 태어났다. 그리고 그 욕망을 채우기 위한 강한 의지도 자연에서 부여받은 것이다. 자연의 세계에 눈을 돌려 보면 어디에서나 이 법칙이 적용되고 있다는 사실을 알 수 있다. 식물이나 동물은 이 법칙에 따라 존재하고 활동하며 그것에 반하는 그 무엇도 두려워하지 않는다.

그런데 진화 과정을 가장 앞서서 밟아 온 인간만이 이 법칙을 따르지 않는다. 이 법칙을 따르는 것이 자기 자신과 사회에 해가 되는 경우가 있음을 깨닫고, 내적인 욕망을 억제할 필요성을 배워 왔기 때문이다. 하지만 사람들은 불필요하다고 여기는 욕망의 싹을 도려내면서 동시에 뿌리까지 잘라버린다. 그렇지만 현명하고 양식 있고 강한 사람들은 다시금 이 법칙을 따름으로써 많은 성과를 이루어냈다. 보다 많은 이들이 이 법칙을 따른다면 인간사에서 긍정적이고 바람직한 혜택들이 소수에 의해 독점되는 일이 없어진다. 이러한 법칙이 널리 알려지게 되면 악은 추방되고 선이 그 자리를 차지하게 될 것이다. 그러므로 두려워 말고 주저하지도 말고 이렇게 선언하라.

나는 원하는 것이 있으면 반드시 수중에 넣는다. 이것이 나의
정당한 권리다.

욕망의 불씨 키우기

예를 들어 욕망을 물이 가득 찬 용기 아래에서 활활 타오르는 불꽃이라고 하자. 여기서 물은 마음을 상징하고 있다고 생각하자. 욕망의 불꽃이 확실하게 열을 전달해 주지 않으면 물에는 어떤 변화도 일어나지 않는다. 그렇지만 불꽃이 에너지와 열을 전달해 주면 물은 수증기가 되어 거대한 기차의 바퀴를 돌리거나 기계를 움직일 수 있다. 마음이라는 물에 욕망의 힘을 제대로 전달하면 의지라는 수증기가 발생하여 어떤 일이라도 달성할 수 있다. 욕망의 불꽃을 타오르게 하고 충분한 양의 의지의 수증기를 발생시키면 인생의 목표를 달성할 수 있다.

욕망의 불꽃이 약해지거나 꺼지게 되면 아무것도 달성할 수 없다. 대부분의 사람들이 이런 상태에 머물러 있다. 무언가를 하고 싶거나 얻고 싶다는 막연한 바람만으로는 충분하지 않다. '반드시 이뤄낸다'라는 굳건한 믿음을 가질 필요가 있다. 배고픈 사람이 음식을 찾는 것과 같이, 질식 직전에 있는 사람이 공기를 찾는 것과 같이 강하게 추구하지 않으면 안 된다. 그 정도로 강한 욕망을 품을 수 있다면, 무엇보다도 강력한 마음의 힘을 가동시킬 준비가 된 셈이다.

한번 잘 생각해 보라. 어떤 목표를 달성하기 위해 최선의 노력을 다했을 때 당신을 몰아세운 추진력은 무엇이었는가? 단지

The Secret of the Ages

그것이 최선이라고 생각했기 때문에 그렇게 했는가? 안에서 부글부글 끓어오르는 욕망 같은 것은 아니었는가? '그것을 하고 싶다' 혹은 '손에 넣고 싶다'는 강한 욕망이 당신 안에 꿈틀거리고 있었던 것은 아닐까? 행동을 일으키게 하는 어떤 힘이 안에서 용솟음치는 것을 느꼈기 때문은 아니었을까?

욕망은 무엇보다도 강한 마음의 힘이고 의지를 불러일으킨다. 모든 행동이나 감정의 저변에 자리잡고 있는 동력인 것이다. 무엇을 하거나 손에 넣기 전에는 우선 그렇게 하고 싶은 욕망이 있으며, 그 정도에 따라 다른 반응과 결과가 나온다. 사랑하거나 미워하기 전에도 어떤 욕망이 일어난다. 야망을 품기 위해서는 강한 욕망이 필요하다. 무언가를 이루기 위해서는 욕망이라는 추진력이 필요한 것이다.

강자와 약자의 가장 큰 차이점은 사실 욕망의 정도 차이에 불과하다. 강한 사람은 무언가를 하거나 손에 넣기 위한 욕망이 남들보다 더 강하다. 그들은 새로운 것을 만들고 수정하고 변화시키는 창조적 욕망을 가지고 있다. 그들을 계속해서 추진시키는 힘은 노력의 결실에서 얻는 기쁨뿐만이 아니다. 그 원동력은 바로 창조적 욕망이다.

경제적으로 성공하고 싶다는 욕망을 품는 것은 지극히 자연스러운 것이다. 주저하거나 눈치볼 일이 아니다. 과거의 실패와 낙담의 재를 훌훌 털어버리고 욕망의 불꽃에 바람을 불어넣어 활활 타오르게 하라. 한눈을 팔아서는 안 된다. 오로지 한마음으로 추구하는 것이 무엇보다도 강력한 증기의 힘, 즉 의지력을 분출시킬 수 있기 때문이다.

당신이 바라는 바에 마음을 집중하고 오로지 그것만을 계속해서 추구하라. 이 우주는 모든 사람에게 필요한 모든 것을 가지고 있지만, 강한 욕망을 가진 사람만을 만족시킨다. 욕망을 진지하게 추구해야 한다는 것을 기억하라. 막연하게 원하는 것이나 바람만으로 만족해서는 안 된다.

욕망은 야망을 낳고, 그 야망은 마음의 힘을 이끌어내어 당신을 성공의 길로 이끌어 줄 것이다. 목적을 달성하는 그 날까지 머리에서 발끝까지 자신을 긍정적인 욕망으로 가득 채워라.

바라는 것을 명확히 인식하라

당신이 지금 한 가지 소원을 들어 주는 반지를 가지고 있다면, 무엇을 바랄 것인가? 부? 건강? 명예? 사랑? 당신의 인생에서 첫 번째 소원은 무엇인가? 그것이 무엇이든 실현될 수 있다. 진실한 마음으로 그것을 바란다면 이룰 수 있다. 그렇지만 우선 자신의 첫 번째 소원이 무엇인지를 알아야 한다. 바라는 것을 손에 넣으려면 마음의 눈으로 그것이 무엇인지 확실히 바라볼 수 있어야 한다.

이상하게도 대부분의 사람들은 자신이 무엇을 원하고 추구하는지 잘 모른다. 많은 사람들이 매일 무슨 일이 일어나기를 바라면서도 정작 자신은 아무것도 하지 않은 채 하루를 살아간다. 언제나 바쁘기는 한데 도대체 자신이 무엇을 위해 일하는지를 잊고 사는 것이다.

그들은 마치 물에 빠진 사람과 비슷하다. 뭍으로 충분히 헤엄쳐 갈 수 있는데도 그 자리에서 허우적거리면서 자신의 힘을 다 써버리고 만다. 어디로 가야 할지 갈피를 잡지 못하고 힘과 시간만 낭비하고 제풀에 지쳐버리게 된다.

기회를 얻고자 한다면 우선 자신이 무엇을 추구하는지 깨달아야 한다. 당신이 갖고 있는 램프의 요정은 반드시 그 능력을 보여 주지만, 그러기 위해서는 우선 그에게 전달할 메시지를 만들어야만 한다. 램프의 요정에게 지시를 내리지 않으면 아무 소용이 없으니까 말이다.

마음의 제국에서는 당신이 바라는 것을 전부 이룰 수 있다. 당신은 단지 소원을 구체적으로 마음에 떠올리면서 실현될 수 있음을 믿기만 하면 된다. 그러면 램프의 요정이 당신에게 환경이든 건강이든 행복이든 부든 그 어떤 것이든 지배할 수 있는 힘을 부여해 줄 것이다. 당신은 단지 마음속으로 그것에 대한 강한 욕망을 품기만 하면 된다.

당신은 '과연 내게 그런 좋은 일이 일어날 수 있을까?' 하고 의심할지도 모른다. 그러나 당신이 이 책을 여기까지 읽어온 것은 바로 당신의 마음이 무언가를 추구하고 싶었기 때문이다. 당신의 마음은 지금보다 더 나은 미래를 꿈꾸고 있음이 분명하다. 왜냐하면 현재 당신은 근심과 두려움, 그리고 반복되는 일상에 지쳐 있기 때문이다.

콜럼버스가 큰 대양을 건널 수 있도록 도와준 것, 한니발Hannibal이 알프스를 넘도록 도와준 것, 에디슨을 세기의 발명왕으로 만들어 준 것, 40세의 가난한 기계공인 헨리 포드를 60세에 세계 제일의 갑부로 만들어 준 것, 당신 안에도 그것이 잠들어 있다.

그것은 당신에게 '하고 싶은 일을 할 수 있다', '되고 싶은 인물이 될 수 있다', '원하는 것을 손에 넣을 수 있다'라고 늘 속삭이고 있다. 그것은 우주의 마음의 일부인 당신의 '고차원 자아'이자 램프의 요정이다. 그것이 바로 야망이다. 미국의 저널리스트 아더 브리스베인Arthur Brisbane은 다음과 같이 적었다.

야망이라는 정령이 당신의 삶을 인도해 준다면 당신은 행운이다. 이 정령은 전 세계에서, 모든 역사에서 가장 뛰어난 마부이다. 그는 당신이 가치 있는 무언가를 이룰 때까지 당신을 마차에 태우고 앞으로 나아갈 것이다. 당신의 마음속에 존재하는 그는

The Secret of the Ages

성공에 대한 기대에 부풀어 있으며 실패는 꿈도 꾸지 않는다.

사람은 누구나 이런 정령을 하나씩 가지고 있다. 적어도 10대 시절에는 말이다. 그러나 20대 중반에서 30대 초반이 되면, 정령은 더 이상 그들이 희망이 없고 인도해 줄 가치가 없다고 여기고 마차에 태워 주지 않는다.

과연 야망이라는 정령의 마차를 타고 달리던 옛 시절을 기억하는 사람이 얼마나 될까? 기회를 찾아 앞으로 달려가던 그 시절을 말이다. 마차를 모는 것은 마부의 의무이고 마부에게 용기를 북돋아 주는 것은 당신의 의무이다.

당신이 아무것도 하지 않는다면, 야망이라는 정령이 마차를 힘껏 몰도록 격려하지 않는다면, 무엇이든 가치 있는 성과를 내지 못할 것이다. 앞으로 10년, 20년 후에 성공이 보장되어 있는 사람들의 경우는 지금도 그들의 정령이 비가 오나 눈이 오나 채찍을 힘차게 휘두르고 있을 것이다.

당신은 이미 실망과 환멸의 쓴 맛을 보았다고 하자. 당신 안에 있는 야망의 빛이 희미해졌다고 하자. 그럴 때는 '세상에 극복할 수 없는 장애물은 존재하지 않는다'는 사실을 떠올리기 바란다. 현재의 상황은 무언가가 부족한 상태에 지나지 않는다. 어둠처럼 보이지만 그것은 어둠이 아니라 빛이 없을 뿐이다. 불을 붙이면 어둠은 순식간에 사라지고 만다. 마찬가지로 가난이란 단순히 필요한 돈이 없는 상태일 뿐이다. 돈을 손에 넣는 방법을 발견하면 가난은 해소된다. 병은 건강이 결여되어 있는 상태이다. 건강해지면 병은 당신을 해칠 수 없다.

요컨대 세상에서 당신이 극복할 수 없는 일은 단 한 가지도 없다. 당신이 무언가를 획득하기만 하면 현실의 부족함은 채워진다. 마음이 그 길을 가르쳐 준다. 방법만 터득한다면 마음이 그것을 가져다 줄 것이다.

바라는 것에 집중하라

'세상을 지배하는 것은 의지가 아니라 욕망'이라고 누군가가 말했다. 하지만 이렇게 말하는 사람이 있을지도 모르겠다. "나는 많은 욕망을 가져 왔고 항상 부자가 되고 싶었다. 그런데 현재 나의 재력이나 지위를 최상류층과 비교해 보면 큰 차이가 있다. 그것을 어떻게 설명한단 말인가?" 하고 말이다.

이에 대한 대답은 간단하다. 그는 한 가지 욕망에 집중하지 못했던 것이다. 누구나 욕망을 여러 개씩 가지고 있다. '부자가 되고 싶다', '영향력 있는 자리에 오르고 싶다', '자유롭게 여행을 다니고 싶다' 등등.

바라는 것이 너무 많으면 어디에도 집중할 수가 없다. 당신

The Secret of the Ages

에게 필요한 것은 오직 '하나의 강한 욕망'이다. 그것을 성취하기 위해서는 다른 모든 것을 포기해도 좋다고 여길 만한 욕망을 가져야 한다.

나폴레옹은 무력이 압도적으로 우세한 적을 어떻게 여러 차례나 격파할 수 있었을까? 그 비결은 전장에서 화력을 분산하는 대신 한 군데에 집중했기 때문이다. 당신도 막연하게 여러 가지 꿈과 소원을 갖기보다는 한 가지 명확한 목표에 집중하면 놀랄 만한 성과를 거둘 수 있다.

돋보기를 종이에 대고 햇빛을 투과시키면 빛을 모을 수 있다. 빛이 모인 점이 크면 아무 일도 일어나지 않지만 작게 한 점으로 모으면 종이에서 연기가 나기 시작한다. 당신의 마음도 마찬가지다. 한 가지 목표에 집중하면 큰 변화가 일어난다.

"그런데 어떻게 하면 한 가지 목표에 집중할 수 있나요?"

많은 사람들이 이렇게 묻는다. 집중이란 오로지 한 가지 사안에만 몰두해 있는 상태인데, 배워서 되는 것이 아니다. 당신도 무언가에 상당한 흥미를 느낄 때 집중했던 경험이 있을 것이다. 경기장에서 축구를 관람하면서 펄쩍펄쩍 뛰거나 옆 사람과 서로 얼싸안고 환호했던 적이 있을 것이다. 영화나 연극을 보면서 가슴을 졸이거나 즐거움에 푹 빠져 있을 때, 주위에 사람들이 있다는 사실조차 잊고 있을 때가 있었을 것이다. 마음의 집중이란 바로 그런 상태를 말한다.

집중은 주위 상황에 전혀 주의를 기울이지 않을 정도로 무엇인가에 빠져 있는 상태이다. 무언가를 강렬하게 추구하고 있을 때는 그것에 집중하지 못할까봐 걱정할 필요가 없다. 꽃잎에 앉아 꿀을 채취하는 벌처럼 당신의 생각은 온통 그것에 쏠리기 마련이다.

듀크 대학의 라인J. B. Rhine 박사는 마음이 물체에 영향을 준다는 것을 실험으로 증명한 바 있다. 단, 강력한 관심이나 열망으로 마음을 집중할 때만 가능한 일이다. 피실험자의 주의가 흐트러지면 물체에 영향을 주지 못했다. 모든 에너지를 쏟아 붓고 최대한 집중했을 때만 좋은 결과가 나왔다.

라인 박사의 실험은 우리의 믿음을 증명해 주었다. 이 세상에는 물리적인 힘을 넘어서는 힘이 존재하고, 우리는 집중력과 강한 욕망을 통해 그런 힘과 제휴할 수 있으며, 그러면 불가능한 일이 없다는 사실이다.

사람은 운명의 지배를 받는 존재가 아니다. 자신의 운명을 스스로 만들 수 있는 존재이다. 당신이 가장 추구하고 싶은 것을 마음에 그려라. 그리고 그것을 분명한 사실로 인정하고 실현될 수 있다는 믿음을 가져라. 바라는 것이 무엇이든 '받는다'고 믿으면 '주어질 것이다'.

잠재의식은 암시를 아주 잘 받아들이는 성질이 있다. 당신이 이미 원하는 무언가를 얻었다고 마음으로 믿는다면, 그 믿음은 잠재의식에게 각인되고 잠재의식은 그것을 초의식으로 전달한다. 우주의 마음의 일부인 초의식은 받아들인 생각에 창조적 힘을 부여해 그것을 현실로 만든다. 당신의 소원이 어느 정도 실현되느냐는 그러한 믿음의 강도에 달려 있다.

대저택에 살면서 고급차를 타고 다니는 부자들은 예전에 확실한 목표를 갖고 출발했던 사람들이다. 그들은 마음속에 뚜렷한 목표를 담아 두고, 그것을 모든 활동과 생활의 축으로 삼아 왔다. 대부분의 사람들은 일정한 일을 반복하면서 매너리즘에 빠진 나날을 보내고 있다. 이렇다 할 욕망도 없이 언젠가 저절로 행운이 굴러들어오기를 막연히 기대하며 그날그날 살아가고 있을 뿐이다.

행운은 우연히 아무에게나 찾아오지 않는다. 보통 사람들은 빵을 위해 하루 종일 필사적으로 일하고 그 빵으로 겨우 다음 날 활동할 만큼의 에너지를 보충하는 지루한 삶을 살고 있다. 이런 식으로 하루하루를 다람쥐가 바퀴를 돌리듯 힘겹게 살아간다면 마음에는 불안과 괴로움만이 자리할 뿐 아무런 희망이 없을 것이다. 그런 삶이 동물의 삶과 무슨 차이가 있겠는가? 당신은 마음만 먹으면 무엇이든 성취할 수 있다. 당신 안에 목표를 성취시켜 줄 힘이 있다는 사실을 믿고 한 가지 강력한 욕망을 가지기만 하면 된다.

당신은 인생에서 무엇을 바라는가? 건강인가? 사람의 육체는 대개 11개월마다 다시 만들어진다. 지금부터 완벽한 건강과 육체를 목표로 삼으면 된다. 이 책에는 약도 지루한 운동도 필요 없이 건강을 유지하는 비결이 실려 있다. 부를 원하는가? 이 책의 성공에 관한 장(章)에서는 수입을 늘리고 직업이나 사업에서 빠르게 성공하는 방법이 쓰여 있으므로 그것을 유심히 읽고 실천하면 된다. 행복을 원하는가? 이 책에 적혀 있는 여러 규칙을 따른다면 인생의 가치관과 전망이 크게 변할 것이다. 아울러 의심과 불안이 사라지고 안정과 평화를 얻을 수 있을 뿐 아니라 사랑과 행복도 얻을 수 있다.

 이 모든 것을 손에 넣기 위해서는 당신의 욕망을 잠재의식에 확실하게 새겨 넣어야 한다. 단지 욕망을 의식하기만 해서는 아무런 일도 이루어지지 않는다. 그것은 몽상이나 공상에 불과할 뿐이다. 마음속에 욕망을 계속 간직하면서 생기를 불어넣고 집중력을 통해 그것이 잠재의식에 도달하도록 해야 한다.

 욕망을 성취시킬 방안에 대해서는 걱정할 필요가 없다. 그것이 잠재의식에 도달하면 곧 창조적 마음인 초의식에 이르게 된다. 초의식에 완전히 맡겨 두면 그가 당신을 위해 최선의 방안을 찾아 줄 것이다.

 행복을 위해 내일 혹은 내년까지 기다릴 필요가 없다. 더군다나 내세까지 기다릴 필요도 없다. 구원을 얻기 위해 죽음을 맞이할 필요도 없다.

The Secret of the Ages

"천국은 당신의 마음속에 있다."

이 말은 구름 위 하늘나라나 먼 별나라 혹은 내세의 행복을 뜻하지 않는다. 지금 여기에서 최상의 행복을 얻을 수 있다는 의미인 것이다. 행복의 모든 가능성은 항상 여기에 있고 언제라도 잡을 수 있다. 행복의 문은 누구에게나 활짝 열려 있다.

자신이 진심으로 바라는 것을 발견하고 그것을 확실히 마음에 그릴 수 있다면, 이제 당신은 행복의 문을 연 셈이다. 그리고 그 신세계에 있는 행복의 문은 결코 닫히지 않을 것이다.

제4장

욕망은 성취 요소를 끌어당긴다

사람은 추구하는 존재이다

 욕망의 힘은 '개인적인 힘'의 여러 양상 중의 하나이다. 여기서 개인적인 힘이란 '전지전능한 절대 힘'의 원천으로부터 개인에게 흘러들어가는 것이라고 생각하자. 당신은 스스로 개인적인 힘을 만들지 못한다. 다만 그것을 수정하고 적응시키고 발달시키고 다스릴 수 있을 뿐이다. 전지전능한 힘은 늘 변함없이 존재하는 까닭에 당신은 그 위대한 힘을 개인적인 힘으로 사용할 수 있다. 당신이 원래 가지고 있던 통로를 열면 그 힘이 자연스럽게 유입된다. 예전에 어떤 작가는 이렇게 말했다.
 "연설가는 대중이 생각하게 만들기보다는 느끼도록 해야 한

The Secret of the Ages

다. 사람들은 생각하게 만드는 지시나 지침보다는 무언가를 느끼게 하고 웃음을 주는 데 더 큰 가치를 둔다. 그 이유는 명백하다. 머리보다는 마음이, 이성보다는 영혼이 항상 승자가 되기 때문이다."

성공적인 사람은 대중을 자신이 원하는 대로 움직일 수 있는 능력이 있다. 회사에서 유능한 영업사원은 물건을 팔 때 고객의 욕망을 자극한다. 그는 욕망을 지닌 마음에 호소하고 공감대, 선입관, 희망, 공포, 욕구, 반감이라는 여러 감정을 이용한다.

사람은 감정이라는 동력에 의해 어떤 행동을 한다. 특히 애정과 욕망은 행동을 유발하는 강한 동력이다. 우리는 '좋아한다', '그렇게 하고 싶다'는 욕망이 일기 때문에 행동을 취하게 된다. 욕망이 없다면 선택할 게 전혀 없으며 결정할 일이 없기에 아무런 움직임도 없을 것이다. 무언가를 '하고 싶다'는 생각이 없다면 '하겠다'는 의지도 생기지 않으므로 아무 일도 일어나지 않는다. 사람은 욕망을 갖지 않을 수 없다.

좋은 행동이든 나쁜 행동이든 그 원천은 욕망이다. 가난한 자의 고통을 목격하면 마음의 불편함을 해소하기 위해, 동정심을 표현하려는 충동에서, 타인에게 존경받고자 하는 생각에서, 내세에서 복을 받으려는 생각에서 자선을 베푼다. 친절한 사람은 친절하고 싶다는 욕망이 있으며, 불친절한 사람은 불친절한 것이 자신에게 만족감을 주기 때문에 그렇게 행동한다. 도덕적인 사람은 도덕적인 욕망이 비도덕적 욕망보다 더 강하며, 신앙심이 깊은 사람은 믿음에 대한 욕망이 불신에 대한 욕망보다 더 강하다. 고상한 행동이든 비천한 행동이든 모든 행동은 욕망에 의해 유발된다. 단세포 생물에서부터 곤충, 동물, 인간, 신에 이르기까지 행동하는 모든 존재는 욕망을 가지고 있다. 모든 자연적인 활동이나 과정, 그리고 사건에는 욕망이라는 생명의 법칙이 내재되어 있다.

사막에서 물을 찾는 강렬한 욕망

당신이 반드시 기억해 두어야 할 욕망에 관한 다음과 같은 법칙이 하나 있다.

힘, 에너지, 의지, 결단, 강한 끈기, 야망, 목적, 행동의 규모는 그와 관련된 욕망의 정도에 따라 결정된다.

'강력하게 원한다'는 것은 그것을 위해 '대가를 지불한다'는 의미가 내포되어 있다. 어떤 강력한 욕망을 충족시키기 위해 가치가 좀 떨어지는 욕망을 희생하는 대가이다. 이는 잡다한 욕망을 버리고 하나의 욕망에만 집중하여 의지를 움직이려면 반드시 필요한 일이다.

무언가에 대해 강한 필요성과 애착을 느끼고 그것을 추구할 수 있는 사람은 그리 많지 않다. 대부분의 사람은 막연한 희망이나 아스라한 동경으로 만족하고, 현실을 탈피할 수 있는 열쇠인 집요한 욕망을 가지고 있지 않다. 사막을 헤매거나 바다를 표류하는 사람이 물을 구하듯이, 수일 간 굶주린 사람이 먹을 것을 찾듯이, 어머니가 자식의 행복을 추구하듯이 강하고 깊은 욕망을 품지 않는다. 역사상 위대한 업적을 이루었거나 크게 성공한 사람들은 그런 욕망을 품었다.

그렇다고 욕망의 노예가 되어서는 안 된다. '나는 나'라고 단언할 수 있는 '진정한 자신'의 힘으로 천한 욕망을 떨쳐 버릴 수 있다. 우리는 낮은 차원의 욕망을 높은 차원의 욕망으로, 부정적인 욕망을 긍정적인 욕망으로 변환시킬 수 있다. 욕망의 노예가 아니라 지배자가 될 수 있다. 그러기 위해서는 그렇게 하고자 하는 의지를 가져야 한다. 당신은 '나의 욕망은 진정한 나 자신의 의지이다', '나의 의지는 진정한 나 자신의 의지이다'라고 확신할 수 있어야 한다.

'꼭 이렇게 하고 싶다', '그것을 반드시 손에 넣고 싶다'라는 강한 욕망을 품은 사람은 그런 욕망과 밀접하게 관련 있는 요소들을 끌어들이는 경향이 있다. 혹은 반대로 사람이 욕망과 관련된 것에 이끌리는 경우도 있다.

누구나 이런 경험을 한 적이 있을 것이다. 언젠가 무언가에 강한 흥미를 느끼고 그것에 대해 좀더 자세히 알고 싶어했다. 그런데 갑자기 그것과 관련된 사람이나 사물이 묘하게도 눈에 잘 띄는 것이다. 혹은 이유 없이 자신도 모르게 어떤 방향으로 이끌려 가는데, 거기에 자신이 관심을 두고 있는 것과 관련된 사람이나 사물이 있음을 발견하게 된다. 그러면 마치 당신이 그 사람이나 사물 혹은 정보를 끌어들였거나 혹은 당신이 그런 것에 이끌려 갔다는 느낌이 드는 것이다. 이럴 때는 당신이 흥미를 느끼는 내용에 모든 사물이 관련되어 있는 것처럼 생각된다. 다른 한편으로는 그런 사물, 사람, 상황의 중심에 자기 자신이 있다는 사실도 깨닫는다.

욕망은 그것을 이루기 위한 자질과 능력을 생성시킬 뿐만 아니라, 욕망과 관련된 사람, 사물, 상황을 당신에게로 끌어당기거나 당신을 끌어가는 힘이 있다. 다시 말해 욕망은 모든 수단을 강구해 자신을 실현하려는 속성을 지니고 있다. 당신이 욕망을 부추겨 그 초점을 만들어 주면 보이지 않는 잠재의식의 강력한 힘이 발동된다. 여기에서 이 말을 되새기기 바란다.

나는 강렬한 욕망을 가지기만 한다면 원하는 어떤 것이라도 손에 넣을 수가 있고 어떤 인물이라도 될 수 있다.

The Secret of the Ages

욕망은 길들일 수 있다

성취 요소들을 끌어당기는 욕망의 흡인력은 다른 식으로도 영향력을 발휘한다. 마치 텔레파시처럼 마음속 잠재의식의 지평에 영향을 미친다. 그 영향 하에서 잠재의식은 새로운 아이디어나 생각 또는 계획을 의식의 수준으로 띄워 주는데, 그것을 활용하면 욕망의 실현에 큰 도움이 된다.

이런 과정은 순전히 잠재의식 속에서 이루어지기 때문에, 전혀 예상하지 못한 곳에서 해결점을 발견한 당사자는 그 우연의 일치 같은 현상에 놀라게 된다. 하지만 사실 이는 우연히 일어난 일이 아니다. 욕망의 힘이 잠재의식 속에서 활동하면서 그를 도움이 되는 일이나 상황으로 유도한 결과인 것이다.

성공한 많은 이들은 한때 큰 위기를 극복한 경험담을 털어놓으면서 운이 좋아서 혹은 예상치 못한 호재 덕분에 재기할 수 있었다고 말한다. 그것도 우연히 발생한 일이 아니다. 그들 역시 잠재의식의 도움을 받았던 것이다. 그리고 욕망이라는 에너지를 가지고 있지 않았다면 그런 도움을 받을 수 없었을 것이다. 욕망의 불꽃은 잠재의식과 의식의 평원에서 마음의 모든 기능을 점화시키기 때문이다.

이상하게도 욕망의 힘은 목적을 달성하기 위해 지름길이 아닌 먼 길로 안내하는 경우가 있다. 잠재의식의 표면적 힘을 작용시켜 멀리 돌아가는 게 가장 빠른 길임을 알려 준다. 그런 상황에 직면하면 당신은 지금까지 신중하게 세운 계획을 뒤엎어야 하고 실패와 좌절을 느끼게 될지도 모른다. 욕망의 힘은 때로는 당신을 안락하고 만족스런 현실에서 벗어나게 하고 험한 고난의 길로 인도할지도 모른다. 하지만 최후에는 반드시 성공의 기쁨을 안겨 준다.

욕망은 흡인력으로 잠재의식을 가동시켜 목적을 달성한다. 서신을 전달하는 비둘기나 꿀벌은 언제 어디서나 제 집을 찾을 수 있다. 짝과 멀리 떨어진 동물들은 거리가 아무리 멀어도 서로에게 이끌리게 된다. 길을 잃은 동물은 항상 돌아오는 길을 찾을 수 있다. 욕망은 안식처를 찾는 짐승뿐 아니라 성공을 추구하는 사람에게도 귀소본능을 부여한다. 그리하여 성공을 향한 올바른 길로 인도해 주는 것이다.

사람은 자연의 다양한 힘을 길들여 왔듯이 이런 욕망의 힘도 길들일 수 있다. 이 힘을 제대로 사용한다면 당신이 깨어 있을 때나 일할 때나 잠잘 때나 늘 목표의 실현을 향해 당신을 돕는다. 욕망은 물리적이든 정신적이든 모든 자연적인 힘의 정수로 '힘 중의 힘'이라고 할 수 있다. 모든 힘은 내적인 끌림이나 반발의 결과이다. 그리고 이것은 긍정적이든 부정적이든 욕망의 힘이 발현하는 현상이다.

제5장

욕망의 실현을 위한 단계

성취를 위한 다섯 가지 원리

당신이 바라는 것을 얻기 위해 명심해야 할 다섯 가지 원칙은 다음과 같다.

1. 자신이 바라는 것을 정확히 알고 있다.
2. 간절히 그것을 원한다.
3. 그것을 얻을 수 있다는 확신이 있다.
4. 그것을 얻겠다는 단호한 결심을 한다.
5. 그것을 얻는 대신 다른 것을 버리는 대가, 즉 기회비용을 지불할 각오가 되어 있다.

"나는 나 자신이 바라는 것을 정확히 알고 있는가?"

이 질문은 언뜻 간단하게 여겨질지도 모르겠다. 하지만 곰곰이 생각해 보면 이 질문에 대답하기 위해서는 두 가지 장애물이 있다는 사실을 깨닫게 된다. 하나는 당신의 욕망, 소망, 야망, 희망 따위를 뚜렷이 형상화시켜야 하는 어려움이고, 다른 하나는 그 수가 많기도 하고 서로 상충되기도 하는 욕망들 중에서 가장 강렬하게 바라는 것을 결정해야 하는 어려움이다.

당신은 지금 자신이 처해 있는 상황이나 소유하고 있는 것에 대해 막연한 불만을 품고 있을지도 모른다. 마음속으로는 강렬한 어떤 욕망을 품고 있지만, 그 욕망을 어느 쪽으로 초점을 맞춰야 하고 어떻게 구체화시킬지 갈피를 잡을 수 없을지도 모른다.

'지금의 위치에서 다른 위치로 가고 싶다', '지금 하고 있는 일과는 다른 일을 하고 싶다', '지금 가지고 있는 것과는 다른 것을 갖고 싶다'라는 바람을 지니고 있을 수 있다. 하지만 현재 하고 있는 일이나 소유한 것과는 다른 그 무엇을 확실히 그려 낼 수 있는가?

그리고 자신이 원하는 바를 정확히 알고 분명하게 그리고자 하면, 자기 자신이 생각보다 많은 욕망을 가지고 있다는 사실을 알게 될 것이다. 그 가운데 몇 가지는 서로 양립할 수 없으며 거의 다 매력적이어서 선택하기도 쉽지 않다. 이는 마치 두

The Secret of the Ages

건초더미 사이에 서 있는 낙타가 어느 쪽을 먹어야 할지 결정을 내리지 못해서 결국 굶어죽는 형국과 다를 바 없다.

많은 사람들이 욕망의 힘을 제대로 사용하지 못하는 이유는 이런 두 가지 어려움이 있기 때문이다. 힘을 쓸 준비는 되어 있지만 그 방향을 결정하지 못해서 마치 식물이나 하등동물처럼 자기방어와 번식이라는 본능적인 활동만으로 삶을 이어가는 것이다.

극소수의 사람들만이 이런 장애물을 극복하고 자신이 추구하는 바를 확실히 발견한다. 그들은 그것을 강력히 원하고 그 대가를 지불함으로써 목적을 달성한다. 욕망의 힘을 일정한 방향으로 움직이도록 하려면 그 힘을 북돋워야 할 뿐 아니라 자신의 길을 명확히 결정해야 한다.

가장 바라는 것 분석하기

앞서 말한 두 가지 장애물은 자기분석의 원칙을 이용해 극복할 수 있다. 자기분석은 자신이 갖고 있는 욕망의 구성 요소들을 자세히 분석해 보는 방법이다. 그러면 각각의 구성 요소가 지닌 특징이 분명해지고 최종적으로 어떤 구성 요소가 더 강한지 파악할 수 있다. 종이와 연필을 가지고 자기분석을 해 보자.

우선 자신에게 이런 질문부터 던져 보라.

나의 강렬한 욕망으로는 어떤 것들이 있는가? 다른 무엇보다도 가장 바라는 것이나 가장 하고 싶은 일은 무엇인가? 내가 최고로 치는 욕망의 가치로는 어떤 것들이 있는가?

위 질문에 대한 대답을 써 보라. 물건이든, 목표든, 이상이든, 희망이든, 소원이든 마음에 떠오르는 대로 써 내려간다. 실현 가능성은 염두에 두지 말고 적어야 한다. 불가능하다거나 바보 같은 생각이라고 해도 주저하거나 제외시킬 필요가 없다. '원한다'는 느낌을 가지고 있다는 자체가 '이루어진다'는 예언이니까 말이다.

스스로 욕망을 억제하지 말라. 당신의 마음속에 큰 욕망이 있다면 그것을 존중하라. 이런 과정은 당신의 잠재의식에 숨어 있던 많은 감정과 욕망과 소망을 의식의 표층으로 떠올리게 하는 것이다. 마음속 저변에 있는 욕망은 잠자는 거인과 같다. 당신이 잠재의식을 탐색함으로써 그가 눈을 뜨게 된다. 그가 눈을 뜨더라도 놀라지 말라. 그는 당신에게 낯선 이가 아니다.

욕망을 모두 적어 놓은 목록은 언뜻 보면 자신이 갖고 싶은 것을 두서 없이 전부 모아 놓은 것처럼 보일 것이다. 지금은 그 정도로 충분하다. 때가 되면 자동적으로 정리가 될 것이다. 이 단계에서 중요한 점은 자신의 강한 욕망을 전부 적는 것이다. 마음을 깊이 탐색하여 잠재의식에 숨어 있는 강렬한 욕망을 모조리 쏟아내야 한다.

다음 단계에서는 '적자생존'의 원칙을 적용하듯이, 가장 약하다고 여겨지는 욕망부터 과감히 제거한다. 목록을 훑어 보고 일시적이거나 충동적인 욕망, 오랜 행복과 만족감을 줄 수 없는 욕망을 차례대로 지워버린다. 이렇게 해서 비교적 오랜 행복을 줄 수 있고 큰 가치를 지닌 강한 욕망들로 구성된 새 목록을 완성한다.

그 다음은 이 과정을 다시 한 번 반복한다. 새 목록에서 또다시 각각의 욕망들을 비교해 본 후 가치가 떨어지는 것을 지운다. '더 이상 지울 수 없다'는 느낌이 들 때까지 한다.

이제 당신은 한 가지 중요한 사실을 알게 된다. 목록에 남은 항목들은 점점 줄어들었지만 이에 반비례해서 남은 욕망들의 가치와 비중이 더욱 커졌다는 점이다. 이 단계에 도달하면 당분간 이 작업에서 손을 떼라. 당신이 작성한 목록을 인지한 잠재의식이 일할 시간을 주는 것이다.

얼마 후 목록을 다시 훑어보면 남아 있는 항목들의 순서와 배열이 마음속에 일목요연하게 그려질 것이다. 그리고 이들을 몇 개의 그룹으로 분류할 수 있다는 사실도 깨닫게 된다. 당신의 잠재의식은 당신을 위해 이런 중요한 일을 수행해 준다.

그러고 나서 각각의 그룹을 다시 비교해 보고 비중이 약한 쪽을 제거해 새 목록을 만든다. 이렇게 가끔씩 휴식기를 가지면서 잠재의식의 도움으로 목록을 반복해서 음미하면 당신이 진정 마음속으로 '바라는 것'과 '하고 싶은 것'만을 기록한 완벽한 목록이 완성된다.

그 하나하나에는 지금까지 당신이 생각했던 것 이상으로 중요성과 가치가 있음을 느끼게 된다. 이때쯤이면 당신의 잠재의식은 최종적으로 선택된 욕망 그룹에 힘을 실어 줌으로써 욕망은 큰 세력으로 성장하게 된다. 마침내 당신은 자신의 진정한 욕망이 무엇인지 깨닫고, 그것을 강하게 믿고 추진할 수 있는 태세를 갖추게 된 것이다.

선택을 잘하는 방법

목록에서 가치가 떨어지는 욕망을 배제할 때는 다음과 같은 세 가지 원칙을 지켜야 한다.

1. 선행조건

목록에서 강렬한 욕망을 선택할 때는 실현될 수 없다거나, 자신의 능력을 넘어선다거나, 장애물이 너무 많다거나 하는 두

The Secret of the Ages

려움이나 의심을 버려야 한다. 오로지 자신이 그것을 진정으로 바라고 있는지만 판단하면 된다. 희생이나 대가가 아무리 크더라도 실현할 가치가 있는 것이라면 목록에 넣는다.

2. 최고 욕망의 기준

욕망에는 당신뿐 아니라 당신이 소중하게 여기는 사람들에게 현재 혹은 미래에 고통을 덜어 주고 기쁨을 주는 일도 포함된다. 따라서 욕망 항목이나 그룹을 비교하고 평가하는 데 있어 욕망의 모든 요소들을 고려해야 한다. 즉, 자신의 만족과 행복의 직접적인 요소와 간접적인 요소를 세밀히 검토해 보아야 한다. 욕망이 현재뿐 아니라 미래에도 만족과 행복을 줄 수 있는가를 생각해야 하며, 당신에게 소중한 사람들에 대해서도 생각해야 한다.

미래의 만족과 기쁨은 종종 현재의 희생을 요구한다. 때로는 자신에게 특별한 사람의 만족과 기쁨이 자기 자신의 것보다도 중요할 때가 있다. 욕망의 이러한 요소들을 무시하면 자칫 엉뚱한 욕망에 가치를 부여하게 된다. 따라서 욕망의 가치를 평가할 때는 신중을 기해야 한다.

3. 욕망의 깊이

얕은 감정이나 일시적인 욕심은 배제해야 한다. 마음속 저변에 잠자는 욕망을 탐색하기 바란다. 목마른 사람이 물을 찾듯이, 배고픈 사람이 음식물을 구하듯이 당신의 마음이 절실히 추구하는 것을 발견해야 한다. 이러한 욕망이야말로 대가를 치러도 손해가 없으며 후회도 불러일으키지 않는다.

이제 당신은 '자신이 진정으로 바라는 것'을 발견하는 마지막 단계에 와 있다. 솔직한 자기분석을 통해 수중에는 최종적으로 남은 욕망 목록이 있을 것이다. 마치 야만인이 자기가 희생시킨 적의 기운을 받아들이길 원하듯이, 이 욕망 목록은 낙오한 욕망들의 에너지를 흡수한다고 생각할 수 있다. 그러므로 이 단계에서 마음속에 내재한 힘은 하나의 욕망 그룹에 집중할 수 있는 것이다.

혹시 신중한 사고와 분석과 시험 등 어떤 방법을 동원해도 욕망들의 우위를 결정지을 수 없는 경우에는 당신의 사고, 행동, 감정, 욕망을 결정하는 시금석이라 할 수 있는 이 질문을 던져 보라.

이 욕망은 나를 더욱 훌륭하고 강하고 유능한 사람으로 만들어 줄 수 있을까?

이제 당신의 목록에는 최강의 욕망만이 남아 있다. 그것이 당신의 마음의 제국을 지배하게 된다. 당신은 지금 자신이 무

The Secret of the Ages

엇을 원하는지 확실히 알게 되었다.

욕망의 통로 만들기

앞서 밝혔듯이 바라는 것을 얻기 위한 원칙에 의하면, 바라는 것을 정확히 알고 있다는 사실만으로는 충분하지 않다. 간절히 원하고 그 결실에 대한 대가를 치를 각오를 다져야 한다. 이 세 가지 필수조건 가운데 첫 번째는 이미 명확해졌으므로, 두 번째인 '간절히 원해야 한다'는 문제를 생각해 보자. 당신은 무언가에 대해 다소 깊은 관심을 보이거나 열망을 품을 때 스스로 간절히 원하고 있다고 생각할지 모른다. 하지만 정말 끈질기고 강한 욕망의 힘으로 성공을 거두고 있는 사람과 비교해 보면, 당신의 욕망이란 그저 '희망 사항'에 지나지 않는다.

'무엇에 대한 추구'라는 분야에서 당신은 지금 어설픈 아마추어에 불과하다. 세상에는 욕망의 힘을 충분히 발현시킬 만큼 간절히 원하고 추구하는 방법을 알고 있는 이는 극히 드물다. 이런 동양 설화가 있다.

옛날에 어느 스승이 제자를 작은 배에 태워 깊은 호수 가운데로 저어 가는가 싶더니, 돌연 제자를 밀어 물에 빠뜨렸다. 호

수 바닥까지 푹 가라앉은 제자는 몇 초 후 숨을 헐떡이며 수면으로 떠올랐다. 하지만 스승은 숨 쉴 틈을 주지 않고 다시 그를 물속에 밀어 넣었다. 제자는 다시 떠올랐지만 스승은 또다시 그를 물속으로 밀어 넣었다. 스승은 몇 차례나 이를 반복한 후 기진맥진한 제자를 배로 끌어올렸다. 제자의 숨소리가 고르게 되자 스승은 그에게 이렇게 물었다.

"내가 자네를 배로 끌어올리기 전에 자네가 가장 원하는 게 무엇이었나? 다른 모든 것들이 한여름 쨍쨍 내리쬐는 태양 아래 작은 촛불처럼 하찮게 여겨질 정도로 큰 바람 말일세."

제자는 이렇게 대답했다.

"숨을 쉬는 것이었습니다. 그 외에 바라는 건 아무것도 없었습니다."

그러자 스승은 그에게 이렇게 말했다.

"자네가 인생에서 실현하고 싶은 일이 있다면, 그처럼 간절한 바람을 가져야 한다네."

이 설화 속 제자처럼 절실한 상황에 처하지 않고서는 간절한 바람이 어떤 것인지 이해가 잘 안 될지도 모르겠다. 숨쉬기를 원하는 이 제자의 갈망을 이성적으로 뿐 아니라 감정적으로도 충분히 이해할 수 있을 때 당신은 원하는 것에 대한 간절한 욕망을 품을 수 있다. 자신의 욕망을 이성으로서 인식하는

The Secret of the Ages

데 그쳐서는 안 되며, 그에 상응하는 감정을 최대한 유발시켜야 한다.

또 다른 상황을 떠올려 보자. 밀림에서 며칠 동안 길을 잃고 헤매다 굶주림에 지친 사람이 음식에 대한 욕구가 얼마나 강렬할지 상상해 보자. 아마도 당신은 그 정도로 배고픔을 겪어 본 적이 없을 것이다. 그 상황은 우리가 보통 '배고프다'라고 하는 것과는 차원이 다르다. 일상생활 속에서 우리가 '배고프다'라고 하는 말은 식욕이 당긴다는 말과 다를 바 없다. 배가 진짜로 고프다면 딱딱하게 굳은 빵이라도 맛있게 느껴진다. 숲 속에서 길을 잃어 며칠 동안 헤매는 사람은 나무껍질을 갉아먹고 자신의 구두를 씹으면서 허기를 채운다고 한다.

배가 난파해 오랫동안 바다에서 표류하거나 뜨거운 태양 아래서 사막을 헤매는 여행자는 상상을 초월하는 갈증을 느낀다. 사람은 음식 없이는 한동안 견딜 수 있지만 물 없이는 며칠도 못 견딘다. 또한 공기가 없다면 단 몇 분을 견딜 수 없다. 이러한 상황에 처해 있는 사람의 감정 상태를 상상해 보라. 그러면 '끈질기고 간절한 욕망'의 진정한 의미를 이해할 수 있을 것이다. 생명 유지에 필수적인 이런 요소들이 부족하거나 단절될 때 생물은 그것에 대해 무엇보다도 강한 욕망을 느낀다. 당신은 그런 욕망을 필요로 한다.

성공하는 사람은 자신이 추구하는 것에 대해 그 정도로 강한 욕망을 품는다. 그들은 물에 빠진 사람이나 굶주린 사람처럼 자신이 원하는 바를 정확히 알고 있고, 그것을 간절히 추구한다. 그리고 물론 그 대가를 지불할 각오도 되어 있다.

그렇다면 어떻게 그토록 강렬한 욕망을 불러일으킬 수 있을까? 잠들어 있는 욕망이 다이내믹한 힘을 발산하려면 마음속에 암시적이고 고무적인 아이디어나 이미지를 제시해야 한다. 그것이 강하고 명확할수록 일어나는 욕망 또한 더욱 강해지고 거대해진다.

당신 안에 잠자고 있는 욕망은 화산의 용암과도 같다. 용암은 겉으로 보기에는 조용하고 잔잔해 보이지만 그 아래는 뜨겁게 불타고 있다. 계기만 주어지면 당신의 욕망도 그렇게 끓어오를 수 있다.

당신의 욕망의 힘을 용암이라고 상상해 보라. 그 안에는 여차하면 밖으로 분출해 엄청난 힘을 발휘할 수 있는 에너지가 내재되어 있다. 통로만 있다면 어떤 것이라도 실현가능한 힘 그 자체이다. 당신이 배워야 할 것은 쉬고 있는 그 에너지를 활동하는 상태로 바꾸는 방법이다.

욕망의 힘을 분출시키기 위해 이미지나 아이디어를 마음속에 제시할 때는 명확하고 상세한 문구로 묘사하는 게 바람직하다. 욕망의 힘을 하나의 실체로 다루고 그 막강한 힘을 인식해야 한다. 이미지나 아이디어는 정확한 언어로 진지하고 끈기있게 제시해야 한다. 그러면 욕망의 힘은 강렬한 반응을 보일 것이다. 부글부글 끓어오르며 '의지'라는 증기를 발산하게 될 것이다. 당신은 그 힘의 세기를 체험하고 놀라게 될 것이다.

그런 단계까지 이르기 위해서는 무엇보다 중요한 것이 지배적 욕망이 흐를 수 있는 통로를 마련하는 일이다. 아주 깊고 넓고 튼튼한 중심 통로를 건설할 필요가 있다. 나중에는 그 통로를 중심으로 지배적 욕망에서 파생한 여러 작은 욕망의 통로도 만들 수 있을 것이다. 하지만 우선 신경 써야 할 것은 지배적 욕망을 위한 통로를 만드는 일이다.

당신은 이미 바라는 것을 찾아냈고, 언제 어떤 식으로 그것을 바라는지도 알아냈다. 욕망의 통로는 바로 당신이 바라는 것에 대한 명확한 아이디어나 이미지로 건설된다. 이런 통로는 창조적 상상력과 구상을 통해 마음속에서 만들어진다. 통로를 만들기 위해서는 다음과 같은 규칙을 준수해야 한다.

1. 당신의 지배적 욕망을 군더더기 없는 아이디어나 이미지로 구체화시켜 욕망의 통로에 장애물이 놓이지 않도록 한다.
2. 지배적 욕망과 관련된 감정에 호소하는 심적 이미지를 만들어 냄으로써 깊고 넓은 욕망의 통로를 만든다. 이를테면 욕망과 관련 있는 실물을 제시하거나 상상을 통해 성

취의 기쁨을 맛봄으로써 욕망을 유혹한다.
3. 흔들리지 않는 의지로 통로의 벽을 견고히 한다. 그럼으로써 지배적 욕망의 물결이 엉뚱한 방향으로 벗어나지 않도록 한다.

통로가 튼튼하게 완성되면 욕망의 힘은 부드럽고 도도하게 흐른다. 당신의 지배적 욕망은 지금까지와는 달리 더욱 큰 힘을 지니게 된다. 충분히 바란다는 것은 굶주린 사람의 배고픔, 사막을 헤매는 사람의 목마름처럼 욕망의 대상을 향한 갈망을 극대화시키는 것이다. 상상력으로 아이디어나 이미지를 끊임없이 욕망의 힘에 투사하라. 그러면 욕망의 흐름은 더욱 거세질 것이다.

Part 3
세 번째 법칙

목표의 법칙

그들은 내가 더 이상 오지 않는다고 불평하지만
문을 두드릴 때마다 당신은 안에 없었노라.
매일 나는 당신의 문 밖에서 서성이며
당신에게 일어나 싸워서 승리를 거머쥐라고 명하노라.

소중한 기회가 가버렸다고 안타까워 하지 말라!
황금의 시대가 간다고 슬퍼하지 말라!
매일 밤 나는 하루의 기록을 불살라버리므로
해가 뜨면 모든 영혼은 다시 소생하노라!

— 월터 말론 Walter Malone

제6장
우주는 공급의 법칙으로 움직인다

누가 세상의 주인공인가

 마라톤이나 장거리 수영을 해 본 적이 있는가? 그러면 출발한 지 얼마 안 되어 체력의 한계를 느끼지만, 계속해서 앞으로 나아가다 보면 마치 새로운 에너지가 주입된 것처럼 몸이 가뿐해지는 경험을 했을 것이다.
 모든 사람에게는 자기 자신도 모르는 강력한 에너지가 내재되어 있다. 그러나 그걸 알고 있는 사람은 거의 없다. 대부분의 사람들은 저단 기어로 차를 힘들게 몰고 있는 것과 같다. 기어를 바꾸기만 하면 쉽게 속도를 낼 수 있는데도 쓸데없이 힘을 낭비하고 있는 것이다.

The Secret of the Ages

우주의 법칙이란 '공급의 법칙'이다. 식물을 보라. 자연은 모든 식물의 생장과 생명 유지에 필요한 것들을 공급해 준다. 곤충과 어류를 비롯한 모든 동물도 마찬가지다. 자연은 이들이 필요로 하는 모든 것을 아낌없이 준다. 모든 생명체는 아무런 대가를 치르지 않고 자연이 제공하는 것을 받는다. 자연은 모든 사람들에게 넉넉히 줄 만큼의 자원을 가지고 있다. 그렇지만 새로운 에너지를 얻기 위해서 노력이 필요한 것처럼, 자연계를 움직이는 공급의 법칙을 이용하기 위해서도 역시 노력이 필요하다.

세상은 당신의 영지이다. 이곳은 당신에게 삶의 터전을 제공해 줄 뿐 아니라 당신이 바라는 모든 것을 제공한다. 그렇지만 당신 자신이 그것을 절실히 원하지 않으면 안 된다. 미지의 바다로 배를 저어나가 신세계를 발견한 콜럼부스처럼, 동료들의 불신과 배반을 극복하고 아메리카에 새로운 자유를 안겨준 워싱턴George Washington처럼 굳센 신념을 가져야 한다. 모든 사람들이 등을 돌리는 상황에 처하더라도 의지를 관철시켜야 한다. 공급의 법칙을 이용하는 것은 당신 자신이다.

성경에 '천국은 네 안에 있다'고 했다. 그것은 바로 당신의 마음을 말한다. 당신의 마음은 우주의 마음이다. 당신 안에 있는 힘을 이해하고 그것과 만나는 법을 배우고 이용하면 모든 소원을 성취할 수 있다.

모든 부의 출처는 마음속이다. 부는 돈에 있지 않고 아이디어에 있다. 돈은 단지 아이디어에 대한 교환수단일 뿐이다. 당신 주머니 안에 있는 돈은 본질적으로 휴지조각에 불과하다. 돈에 가치를 부여하는 것은 그 이면에 있는 아이디어다. 공장이든 기계든 그 이면에 아이디어가 없다면 아무런 쓸모가 없다. 그러므로 부를 추구하려고 세상으로 나아갈 필요가 없다. 아이디어는 당신 마음속에 있기 때문이다.

목적을 가지고 기억의 창고인 마음을 이용하라. 건설적이고 창조적인 생각을 위해 그것을 이용하라. 하지만 기억 능력을 발휘하는 일이 전부 생각은 아니다. 듀몬트는 《매스터 마인드》에서 이렇게 적었다.

> 사람들은 단지 기억의 강물이 의식의 평원으로 흘러들어가게 할 뿐이다. 그 동안에 자아는 강둑에 한가로이 서서 기억의 강이 흐르는 모습을 지켜볼 뿐이다. 사람들은 이를 '생각'이라고 여기지만, 사실 생각하는 게 아니다. 생각이란 문제를 풀 때처럼 뚜렷한 목적을 가지고 있어야 한다.

당신의 마음은 성취의 왕국이자, 건강과 행복과 번영의 왕국이며, 생각의 왕국이다. 새로운 세계와 새로운 방법과 아이디어를 발견하려면 생각하는 일이 필요하다. 위대한 발견은 수많

The Secret of the Ages

은 사람들이 이미 눈으로 직접 본 것에서 나온다. 하지만 그것을 주목하는 사람은 단 한 명뿐이다. 거대한 부를 쌓을 수 있는 기회는 사람들 주변에 있다. 하지만 단 한 사람만이 그 기회를 거머쥘 뿐이다.

왜 이렇게 가난하고 비참한 삶을 사는 사람들이 많은 것일까? 가장 큰 이유는 그들이 가난을 두려워한 나머지 가난을 현실로 받아들였기 때문이다. 가난과 질병을 마음속에 그리고 있기 때문에 현실로 나타난 것이다. 그들은 공급의 법칙에 대해 조금도 알지 못한다.

공급의 법칙에 대한 기본적인 태도는 그 풍부함을 생각하고 보고 느끼고 믿는 것이다. 스스로 한계성에 대한 생각이 마음에 잠입하도록 묵인해서는 안 된다. 당신의 욕망에 한계란 없다. 그것을 마음속에 그리면 분명히 현실이 될 수 있다.

걱정도 하지 말고 의심도 하지 말라. 싹이 트지 않을까 의심해서 기껏 심어 놓은 성공의 씨앗을 파내지 말라. 오로지 자기 자신만을 믿고 성공의 씨앗에 욕망이라는 영양을 공급해 주어라. 그러면 앞길에 서광이 비칠 것이다.

마음의 눈으로 당신이 원하는 것만을 바라보라. 지금은 불행의 한복판에 있는 것처럼 생각될지라도, 미래가 아무리 암담해 보일지라도 두려워하지 말라. 당신의 미래는 당신 자신이 만들어가는 것이다. 당신 자신 이외에 당신의 발목을 잡는 것은 없다. 목표를 정하고 그것을 향해 나아가면서 장애물 따위는 잊어버려라. 마음의 눈으로 목표만을 바라보자. 그러면 반드시 이루어진다.

마음으로 바라는 것은 반드시 성취된다는 확신을 가져라. 기회가 없는 사람은 없다. 기회가 단 한 번이라는 법칙도 없다. 기회는 곳곳에 널려 있으며 당신은 그저 손을 뻗어 그것을 잡기만 하면 된다. 기회는 항상 무한하다.

갈망하는 의지를 방해하는 것은 없다. 가장 중요한 것은 시작이다. 로마의 집정관이자 시인 오소니우스Ausonius는 이렇게 말했다.

네 일을 시작하라. 시작이 반이다. 그러면 반만 남는다. 그러면 다시 시작하라. 이로써 그 일은 완수된다.

돈을 어떻게 벌어야 하나

당신이 인생에서 가장 원하는 것은 무엇인가? 부인가? 그렇다면 최고의 부를 손에 넣었다고 잠시 상상해 보라. 그 부로 무엇을 하겠는가? 당신은 그 동안 갖고 싶었던 고급 승용차를 타고 멋진 옷을 입고 동경하던 고급 주택에 살고 있다. 게다가 인

The Secret of the Ages

생을 풍족하게 해 줄 모든 물질에 둘러싸여 있다. 돈 걱정을 전혀 안 하고 갖고 싶은 것을 전부 가질 수 있으며 하고 싶은 일을 다 할 수 있다. 인생은 술술 풀려가며 사랑하는 사람들의 소원도 전부 들어줄 수 있다.

이렇게 성공한 자신의 모습을 마음속에서 그려 보라. 그것이 사실이라고 믿어 보라. 그리고 그것에서 얻을 수 있는 기쁨을 느껴 보라. 이런 상상이 꿈을 현실로 만들기 위한 첫 번째 단계이다. 이는 마음속에 성공 모델을 만드는 일이다. 당신 자신의 걱정이나 의심이 그 모델을 파괴하지 않는 한, 마음이 그 모델을 현실에서 구현해 줄 것이다.

손에 넣고 싶은 것을 이미 소유했다고 생각하라. 당신의 소망에 의해 그것이 당신에게 다가오리라는 것을 굳게 믿어라. 초조해하지도 걱정하지도 말라. 돈이란 당신의 마음속 수차를 돌리기 위한 물이라고 생각하라. 당신이 돈을 필요로 하는 것이 아니라 돈이 당신을 필요로 하고 있음을 이해하라. 나이아가라 폭포는 발전소가 없으면 전력 생산에 아무런 도움이 안 된다. 마찬가지로 돈은 가치를 부여해 줄 사람이 없다면 아무런 소용이 없다.

돈은 항상 배출구를 찾고 있다. 당신의 아이디어는 그 배출구 역할을 한다. 적절한 아이디어를 개발해서 완성시키면 돈이 당신에게로 흘러 들어온다. 단, 의심과 불안으로 그 통로를 막

아버리면 안 된다.

　당신이 보다 많이 베풀수록 더욱 많은 부가 당신을 찾아온다는 사실을 명심하라. '자동차 왕' 헨리 포드Henry Ford는 큰 부자였다. 보통 부호라고 불리는 사람들은 일반인들에게 이런 저런 일로 반감을 사기 마련인데 그만은 예외였다. 그는 돈이란 써야 하는 것이라는 생각을 항상 갖고 있었기 때문이다. 보다 많은 사람들에게 많은 일자리를 제공하고 더욱 큰 기쁨을 주기 위해 사용해야 한다고 여겼다. 돈에 대해 그러한 철학을 가지고 있었기에 그는 거부 중의 거부가 되었고 보람 있는 삶을 살았던 것이다.

　당신도 돈을 추구하기보다는 세상을 위해 돈을 사용하는 방법부터 배워라. 세상이 무엇을 필요로 하는가를 찾아내라. 항상 다음과 같은 의문을 가지고 모든 것을 바라보라. '이 사안을 어떻게 개선시킬 수 있을까?', '새로운 방안은 없을까?' 그리고 그 방법을 발견했다면 반드시 실현시킨다는 신념을 갖고 행동으로 옮겨라. 그러면 돈은 당신에게 흘러 들어온다.

The Secret of the Ages

제7장

목표의 이미지를 새긴다

자신만의 보물지도 만들기

　많은 이들이 '보물지도'를 만듦으로써 성공과 행복을 얻었다. 보물지도를 만들면 자신이 원하는 것을 보다 확실하게 마음속에 그릴 수 있다. 보물지도라는 게 무엇일까? 예전에 《노틸러스 매거진 Nautilus Magazine》이라는 잡지가 상금을 내걸고 '보물지도로 소원을 이룬 나'라는 주제로 독자 투고를 받았는데, 캐롤라인 드레이크 Caroline J. Drake라는 여성이 최고상을 수상했다. 그녀의 이야기는 이렇다.

　캐롤라인은 어느 대형 백화점에서 7년 간 회계담당으로 근무하고 있었는데, 어느 날 갑자기 매니저의 조카에게 자리를 빼앗기고 말았다. 남편은 이미 10년 전에 세상을 떠났다. 남편이 사망했을 당시에는 작은 집과 약간의 보험금을 가지고 있었지만, 병원비 등으로 얼마 안 되어 거의 빈털터리가 되었다. 그 후 혼자서 자식 3명을 키워 왔으며, 고등학교를 갓 졸업한 큰아들은 직장도 구하지 못한 상태였다. 35세인 그녀는 건강하고 능력도 의지도 있었지만, 3개월 간 직장을 잡지 못했다. 집세도 내지 못해서 집을 비워달라는 통보를 받는 지경에까지 이르렀다.

어느 날 아침, 캐롤라인은 여느 때처럼 직장을 구하기 위해 집을 나섰는데, 상점 앞을 지나다가 가판대에 놓여 있는 한 잡지가 마음에 들어 집어 들었다. 그리고 아무 생각 없이 펼쳐서 목차를 훑어 보았다. 그때 '보물지도'라는 단어가 눈에 들어왔다. 그녀는 무언가에 홀린 듯이 그 잡지를 샀다. 그것이 그녀 인생의 전환점이 되었다.

그녀는 그 길로 바로 집으로 돌아와 '성공과 공급에 필요한 보물지도 만들기'라는 기사를 읽기 시작했다. 그 기사를 몇 번이나 되풀이해서 읽은 다음 캐롤라인은 자신도 보물지도를 만들어 보기로 했다. 지도를 만들 생각을 하자 안에 넣을 사항들이 마음속에 계속 떠올랐다. 우선 마을 외곽에 작은 집을 갖고 싶었다. 항상 꿈꿔 오던 자그마한 의상실과 자동차도 필요했

다. 집에는 딸들을 위한 피아노가 있고 뒤뜰에는 꽃을 기를 수 있는 정원도 생각해 두었다.

캐롤라인은 잡지나 신문에서 사진이나 성공과 관련된 문구를 오려냈다. 그리고 커다란 흰 종이를 펼쳐 놓고 지도를 만들기 시작했다. 우선 주변이 관목 울타리로 둘러싸이고 현관이 넓은 아담한 집 사진을 중앙에 붙였다. 한쪽 구석에는 작은 상점 사진을 붙여 놓고 그 밑에 '베티의 스타일 숍'이라는 의상실 간판 글자도 붙였다. 그리고 그 주위에는 세련된 옷과 모자 사진을 붙였다.

지도 여기저기에는 성공, 행복, 조화 등에 관한 격언이나 모토를 적어 놓았다. 캐롤라인은 시간 가는 줄 모르고 한참을 거기에 매달려 있었다. 그동안은 보물지도에 붙여 놓은 그 집에 살고 그 의상실에서 일하는 듯한 착각이 들 정도였다고 한다. 보물지도가 어느 정도 완성되자 그녀는 침대에서 정면으로 보이는 벽에 그것을 붙여 놓았다. 아침에 제일 먼저 눈에 들어오고, 자기 전에도 한 번씩 볼 수 있다고 생각했던 것이다.

그로부터 캐롤라인은 틈 날 때마다 보물지도를 자세히 살펴보며 수정하곤 했는데, 얼마 후 그 내용이 완전히 그녀의 일부가 된 것처럼 느껴졌고 마음속으로 훤히 떠올릴 수 있게 되었다. 조용히 혼자 있을 때는 자식들과 함께 그 집을 거닐거나 가구를 정돈하는 자신의 모습을 상상했다. 딸이 피아노를 치면서 노래를 부르고 있고 아들은 서재에서 책을 보고 있는 광경을 상상하기도 했다. 그리고 자신이 가게 안에서 손님들에게 아름다운 옷과 모자를 팔고 있는 모습도 떠올렸다.

캐롤라인은 이 보물지도가 자신을 끌어당기는 힘이 있음을 느꼈다. 그리고 그 보물지도가 성공적이고 조화로운 삶의 패턴을 잠재의식에 각인시켜 준다는 사실을 깨달았다. 그녀는 마음속에서 이미 그 집에서 살고 그 가게에서 일하고 있었다. 그리고 결국은 그것이 현실세계에서 이루어지리라는 사실을 의심하지 않았다. 자녀들도 그 사실을 알고는 흥미를 나타냈고 각자가 자기만의 보물지도를 만들기도 했다.

드디어 행운의 톱니바퀴가 돌기 시작하기까지는 그리 오랜 시간이 걸리지 않았다. 어느 날 사망한 남편의 옛 친구가 부부 동반으로 몇 개월 동안 집을 비운다면서, 그 동안 집을 관리해 달라는 부탁을 했다. 일주일 후 캐롤라인 가족은 그 집으로 이사했다. 그 집은 보물지도에 붙인 사진 속의 집과 아주 비슷했다. 그러고 나서 얼마 후에는 아들이 야간과 주말에 할 수 있는 일을 구해서 가을부터 대학에 다닐 수 있게 되었다.

그 집으로 이사한 지 2개월 정도 지났을 무렵, 캐롤라인은 의상실을 운영하는 여성이 신문에 낸 광고에 눈길이 멎었다. 그 여성은 건강상의 이유로 의상실을 운영해 줄 사람을 찾고 있었다. 캐롤라인은 의상실을 운영하고 이익을 반씩 나누기로

The Secret of the Ages

주인과 합의를 보았다.

보물지도를 만들고 나서 반년도 안 되어 캐롤라인은 그 지도에 그려져 있던 모든 것을 손에 넣었다. 수개월 후 돌아온 집주인은 캐롤라인에게 유리한 조건으로 그 집을 넘겼고, 의상실도 결국 캐롤라인 소유가 되었다.

목표에 대한 자기암시

소원이나 야망의 이미지를 마음속에 그리는 것이 얼마나 큰 힘을 발휘하는가를 보여주는 또 다른 사례가 어떤 잡지에 실린 적이 있다.

뉴욕의 허름한 아파트에 사는 애니라는 소녀가 5번가의 고급 디자이너에게 고용되어 허드렛일을 하게 되었다. 애니는 자신의 일을 아주 좋아했다. 가난한 환경에서 자라다가 갑자기 휘황찬란한 미와 부의 세계에 발을 들여놓게 된 것이다. 고급차를 타고 온 상류사회 여성들이 금테를 두른 커다란 거울 앞에서 멋진 옷을 입어 보는 모습을 훔쳐보며 애니는 두근거리는 가슴을 진정시키곤 했다.

이윽고 애니는 야망을 품기 시작했다. 언제부터인가 가게의 주인이 된 자신의 모습을 상상했다. 애니는 거울 앞을 지날 때마다 자신이 이미 세련되고 매력적인 디자이너가 되었다고 상상하며 미소를 짓곤 했다. 물론 아무도 애니의 마음속에 존재하는 또 다른 모습을 눈치 채지 못했다. 그녀는 자신만의 신나는 게임을 시작하면서 이런 마음을 가졌다.

"난 이미 여기 주인이 된 거야. 항상 예의를 갖추고 최선을 다하면서 매일 새로운 것을 배워야지. 내가 여기 주인이라고 생각하고 늘 열심히 하는 거야."

얼마 지나지 않아 상류사회의 멋진 여성들이 주인에게 이렇게 속삭였다.

"애니는 참 영리하고 재주가 많은 아이네요."

그러자 주인도 애니를 주목하고 점차 중요한 일을 맡기기 시작했고, 나중에는 디자인을 배울 수 있는 기회를 주었다.

세월이 흘렀다. 애니는 날이 갈수록 거울 앞에서 그리던 자신의 모습과 닮아갔다. 그리하여 허드렛일을 하던 작은 소녀는 어느새 아네트라는 이름의 성숙한 여성이 되었고, 마침내 부자와 명사들을 상대하는 패션 디자이너 마담 아네트로 이름을 날리게 되었다.

오래 동안 마음속에 확고하게 품어온 이미지는 환상이 아니다. 그것은 우리의 운명을 만드는 패턴이 된다.

Part 4
네 번째 법칙

믿음의 법칙

배 하나는 동쪽으로 다른 하나는 서쪽으로 나아가지만,
두 배는 똑같은 바람을 맞고 있네.
배의 방향을 알 수 있는 것은
바람이 아니라 바로 돛의 모양이라네.

인생이라는 항로를 헤치고 나아갈 때,
운명의 갈래갈래 길은 바다의 수많은 파도와 같은 것.
그 목표를 정하는 것은 바로 영혼의 모양이지,
고요함이나 투쟁이 아니라네.

— 엘라 휠러 윌콕스 Ella Wheeler Wilcox

제8장

믿음의 힘

자신을 믿는 법을 배워라

"어떻게 하면 나의 현실을 좀더 개선시킬 수 있을까?"

이 질문이야말로 당신이 아침에 눈을 뜰 때마다 떠올리는 화두가 아닐까 여겨진다. 이 장을 주의 깊게 읽으면 당신은 이 문제에 대한 해답을 얻을 수 있다. 모든 부는 '마음이야말로 유일한 창조주'라는 사실을 이해하는 데서부터 생긴다.

바라는 것을 얻기 위한 절대법칙이 욕망을 품는 것이었다면, 성공의 절대법칙은 바로 자기 자신에 대한 믿음을 갖는 것이다. 19세기 미국의 전기물리학자로 전자유도 현상을 발견한 조셉 헨리Joseph Henry는 이런 전자석 실험을 하였다. 처음에는 커

The Secret of the Ages

다란 보통 자석을 사용하여 수백 파운드의 쇠뭉치를 들어올렸다. 다음에는 그 자석을 와이어로 감고 거기에 작은 배터리로 전류를 흘렸다. 그러자 그 자석은 3천 파운드나 되는 쇠를 들어올렸다. 전류를 흘린 것만으로 강력한 자력이 생긴 것이다.

당신의 잠재의식은 자석이라고 생각할 수 있다. 충분한 욕망이 있으면 어느 정도 원하는 것을 끌어올 수 있다. 그런데 강한 믿음을 거기에 흘려보내면 그 힘은 강력해져서 더욱 많은 것을 끌어당길 수 있다.

간혹 능력이 그리 뛰어나 보이지 않는 사람이 거의 불가능하게 여겨지는 일을 성공시키는 경우가 있다. 또 오랜 세월 헛된 노력을 하는 듯 보였는데 갑자기 자신의 꿈을 이룬 사람들도 있다. 그들을 성공으로 이끈 비결은 무엇이었을까?

그 비결은 자기 자신에 대한 믿음이다. 누군가가 혹은 무언가가 그들로 하여금 자신과 마음의 힘을 믿도록 유도한 것이다. 그 믿음 덕분에 그들은 역경을 극복하고 성공을 이루었다. 믿음의 중요성을 일깨워 주는 이야기가 있다.

동네에서 아이들에게 항상 집단 괴롭힘을 받던 한 소년이 어느날 할머니에게서 부적을 받았다. 할아버지가 그것을 지니고 남북전쟁에서 살아남았다며 그 부적을 몸에 지니고 있는 한 누구에게도 괴롭힘을 당하는 일은 없을 거라고 할머니는 손자에게 말했다. 그 말을 굳게 믿었던 소년은 또 다시 자신을 괴롭히는 아이들에게 둘러싸이자 그들에게 과감히 맞서 싸웠고, 다시는 괴롭힘을 당하지 않게 되었다. 그뿐만이 아니었다. 몇 개월 후 소년은 마을에서 가장 용감한 아이라는 말을 듣게 되었다. 그제서야 할머니는 그 부적이 길가에서 주운 하찮은 물건에 지나지 않는다는 사실을 손자에게 말해 주었다. 할머니는 소년에게 인생에서 정말 필요한 것은 자기 자신에 대한 믿음이라는 사실을 일깨워 준 것이다.

이런 실화는 꽤 흔하다. 할 수 있다는 믿음이 성공을 가져온다는 것은 분명한 사실이다. 오래전 어떤 예술가로부터 이런 이야기를 들은 적이 있다. 그는 나폴레옹의 격전지 중 하나인 워털루를 방문했다. 그곳을 거닐다가 그는 땅에 반쯤 묻힌 금속 조각 하나를 발견했고 그것을 주워 호주머니에 넣었다. 그런데 그 후부터 희한하게도 자신의 마음에 대한 믿음이 강해졌고 하는 일마다 자신감이 생겼다고 한다.

가장 중요한 것은 자기 자신을 믿는 일이다. 하겠다고 생각하는 일은 무엇이든 이루어진다는 믿음을 가져라. 믿음이야말로 행복으로 향하는 문이다. 기껏 열어 놓은 그 문을 스스로 닫아 버리지 말라. 당신은 세상의 온갖 혜택을 누릴 권리와 자격이 있다. 그러므로 좋은 일만을 기대해야 한다. 승리 다음에 패

배가 이어진다는 원칙은 없다. 승리 다음에는 반드시 또 다른 승리가 이어진다고 확신하라. 당신에게 한계는 없다. 한계를 스스로 만들지 말라.

마음이 온갖 좋은 것들을 가져다 준다는 사실을 잊지 말라. 당신의 사고는 한계가 없으며 공급은 무한하다는 사실을 이해하라. 당신이 바라는 것이나 욕망의 씨앗을 마음의 밭에 뿌려라. 그리고 풍성한 결실을 뚜렷한 심상으로 떠올리고 거기에 믿음이라는 물을 주어라. 그 다음은 우주의 마음에 맡겨 보라. 당신의 마음과 우주의 마음 사이에 통로를 항상 열어 놓고 생각을 집중하면 재산이든 아이디어든 당신이 얻고자 하는 것이 풍성하게 쏟아진다.

믿음의 적을 퇴치하는 방법

대부분의 사람들이 안고 있는 문제는 게으른 마음이다. 스스로 길을 개척하기보다는 다른 이들에게 휩쓸려 가는 게 훨씬 편하기 때문이다. 그렇지만 어떤 분야에서든 역사상 위대한 발견자와 발명가와 천재들은 전통과 관습, 그리고 선례를 타파하는 것을 두려워하지 않았다. 사람들에게서 불가능하다는 말을 듣거나 바보 취급을 당해도 목적을 달성하기까지는 자신에 대한 믿음을 잃지 않았다.

그뿐만이 아니다. 그들은 한 번의 성공으로 만족하지 않았다. 첫 성공은 그 다음 성공으로 이어진다는 사실을 믿고 있었기 때문이다. 자신이 우주의 창조적 지성의 일원이며, 개개의 일원은 전체의 모든 속성을 지니고 있다는 사실을 알고 있었다. 그런 깨달음을 통해 그들은 자신이 원하는 바를 이룰 수 있다는 강한 믿음을 갖게 되었고, 능력의 한계는 바로 욕망의 부족에서 기인한다는 사실도 알게 되었다. 그러므로 그들은 계속해서 성공을 향한 발걸음을 멈추지 않았던 것이다. 당신도 단 한 번의 성공으로 만족해서는 안 된다. 그것이 아무리 큰 성공이라 해도 말이다. 끊임없이 더 큰 성공을 향해 전진해야 한다.

무언가를 실현하는 데 있어 가장 큰 적은 자기만족이다. 알렉산더 대왕Alexander the Great처럼 새로운 세계를 정복하기 위해 계속해서 앞으로 나아가야 한다. 역부족이란 말은 패배자들이 만들어낸 것이다. 당신에게 필요한 힘은 반드시 주어진다. 결심이 꺾이는 원인은 불안과 두려움 때문이고 마음을 제대로 사용하지 않기 때문이다.

중요하지 않은 일만 하던 사람이 큰 책임을 맡자 갑자기 돌변해 열정적으로 일하는 경우가 있다. 난국에 직면한 사람은 비축해 둔 힘뿐만 아니라 새로운 힘을 발휘한다.

당신은 기쁨과 열의가 넘칠 때 지칠 줄 모르고 평소보다 서

The Secret of the Ages

너 배만큼의 일을 더 해치운 경험을 가지고 있을 것이다. 일에 지치는 것은 대개 육체적 피로보다는 지루함 때문이다. 일에서 기쁨을 느끼면 끊임없이 일할 수 있는 에너지가 샘솟는다.

당신은 지금까지 자신을 무능하다고 믿고 있었을지도 모른다. 무언가 하려고 했을 때 항상 외부에서 '안 된다' 혹은 '어렵다'는 말을 들어왔기 때문에 당신 자신도 그렇게 믿게 되었는지도 모른다. 그렇지만 성공도 실패도 마음먹기에 달렸다는 사실을 기억하기 바란다. 당신이 불가능하다고 생각하면 아무것도 이룰 수 없다.

자신의 능력을 정확하게 이해하고 그것을 적극 활용하려는 의지와 공격적인 이기주의는 전혀 다른 것이다. 실력을 충분히 발휘하기 위해서는 자기 자신부터 믿어야 한다. 사람들은 누구나 남에게 팔 수 있는 가치 있는 무언가를 소유하고 있다. 그것은 물건일 수도 있고 능력일 수도 있고 서비스가 될 수도 있다. 상대방으로부터 정당하게 평가받고 이익을 얻어내기 위해서는 자신에 대한 믿음을 갖는 것이 최우선 조건이다.

당신의 마음이 최대 능력을 발휘하기 위해서는 언제나 긍정적인 자세를 가져야 한다. 부정적인 사고방식을 갖고 있는 한 좋은 일을 할 수 없다. 어떤 일이든 당신이 행복하고 긍정적인 기분일 때야말로 최고의 성과를 거둘 수 있다.

행복하기 때문에 밝고 긍정적으로 생각하는 것이 아니라 밝고 긍정적으로 생각하기 때문에 행복한 것이다. 건강과 행운은 긍정적인 사고의 결과이다. 이러한 긍정적 사고를 만드는 주체는 당신 자신이다.

비겁한 생각을 하고 있으면 결코 용기 있는 행동을 할 수 없다. 자신의 꿈에 대해 의심과 두려움을 품고 있으면 그 꿈은 결코 실현되지 않는다. 꿈이라는 성을 쌓기 위해서는 이해와 믿음이라는 튼튼한 기초가 필요하다. 자기 자신에 대한 믿음의 정도에 따라 성공 가능성이 높아지거나 낮아진다.

당신은 이 세상이 당신의 의욕을 꺾는 것들로만 가득 차 있다고 생각할지 모른다. 그리고 상황이 달랐다면 좀더 크게 성공할 수 있었을 거라고 생각할지도 모른다. 그렇지만 당신의 현재 상황은 당신이 만들었다는 사실을 잊지 말기 바란다. 성공도 실패도 모든 요소들은 당신 마음의 세계에서 나온다. 마음의 세계를 만드는 주인공은 당신 자신이며 현실세계도 거기서 생겨난다.

지금까지 잘못된 선택을 했다고 생각되면 지금부터라도 당신이 바라는 것을 이루기 위해 필요한 선택을 다시 하라. 해야 한다고 느끼는 것을 지금 바로 시작하라. 누구의 허락도 받을 필요가 없다. 가능하다고 믿는 것이 당신의 사고에 힘을 부여한다. 행운의 여신이 당신 앞에서 기다리고 있다. 그녀를 꼭 붙잡고 끌어안아라. 하지만 의심스러운 눈으로 본다거나 우물쭈

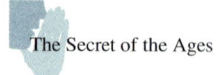

The Secret of the Ages

물 조심스럽게 손을 뻗으면 행운의 여신은 당신을 외면하고 그냥 지나쳐버릴 것이다. 그녀는 맹목적으로 주인을 따르지 않으며, 오로지 용기와 자신감을 사랑하기 때문이다.

무엇보다도 시작이 중요하다. 전투가 시작되어 과감히 장애물을 공격해 나간다면 당신 내부와 외부의 모든 세력이 지원을 해 준다. 그러나 우선 첫 발을 내딛어야 한다. 사람들이 당신 생각에 코웃음을 칠지도 모른다.

흔히들 '그것이 이루어지면 내 손에 장을 지지겠다'라고 한다. 하지만 역사를 보라. 사람들은 지구가 둥글다는 갈릴레오 갈릴레이 Galileo Galilei의 주장에 손가락질을 했다. 또 기계가 달릴 수 있다는 헨리 포드 Henry Ford의 생각을 비웃었다.

'하늘은 스스로 돕는 자를 돕는다'는 말은 불변의 진실이다. 당신의 초의식, 즉 고차원 자아는 모든 것을 이루어내는 힘이 있지만, 의식이라는 문지기가 그 존재로 향하는 문을 지키고 있다. 문지기에게 문을 열게 해야 한다. 그리고 초의식으로 하여금 무한한 에너지를 해방시키도록 해야 한다. 자신의 힘을 알고 그것을 올바르게 사용하려는 노력을 계속하면 어떤 목적이라도 달성할 수 있다.

지금 당장 당신이 배운 것을 실천해 보자. 당신이 인생에서 가장 바라는 것은 무엇인가? 하나를 선택해서 그것에 마음을 집중하고 잠재의식에 새겨 보라. 그리고 잠재의식을 통해서 초의식에 그 소원을 전하라.

　잠재의식에 암시를 주기에 가장 적당한 때는 몸의 긴장이 풀리고 감각이 평온해지는 잠들기 직전이다. 오늘밤부터 당신의 소원을 잠재의식에 새겨 보라. 필요한 것은 단 두 가지, 마음으로부터 우러나오는 소원을 뚜렷이 인식하고 그것을 믿는 일이다. 잠들기 직전에 당신의 가장 큰 소원에 온 정신을 집중시켜라. 원하는 것을 손에 넣을 수 있다고 믿어라. 그리고 소원을 성취한 자기의 모습을 마음속에 그려 보라. 소원을 성취했다고 마음이 진정으로 믿을 때까지 매일 밤 반복해 보라. 그 단계에 이르면 소원 성취가 바로 코앞에 다가온 것이다.

긍정적인 생각의 힘

　마음가짐이란 사고, 아이디어, 이상, 감정, 믿음 등에서 생겨난다. 그것은 성격을 결정지을 뿐 아니라 주변 환경이나 사람들에게도 영향을 미친다. 성공하기 위해서는 항상 긍정적인 마음을 가져야 한다.

　우선 긍정적인 것과 부정적인 것의 의미부터 생각해 보고 어째서 전자는 성공을, 후자는 실패를 초래하는지 알아보자. 긍정적이라는 것은 장래성, 자신감, 용기, 창의성, 에너지, 낙관

The Secret of the Ages

주의, 선과 부에 대한 기대, 자연 법칙, 자기 자신에 대한 믿음을 내포하고 있다. 반면에 부정적이라는 것은 공포, 불안, 비관주의, 자기 자신에 대한 불신 등을 내포한다.

많은 사람들이 자신에게는 성공하기 위해 필요한 자질과 재능이 없다며 한탄한다. 성공적인 사람을 곁눈질로 바라보며 자신도 그처럼 성공의 요소들을 갖췄으면 하고 부러워한다. 여기까지 그들의 생각은 옳을지도 모른다. 그러나 그런 생각까지가 그들의 한계이다. 현재 그런 자질을 갖고 있지 않기 때문에 앞으로도 결코 그것을 갖지 못할 것이라고 생각하기 때문에 한 발자국도 앞으로 나아갈 수 없다. 그들은 한 번 만들어진 것은 개량하거나 수리할 수 없다고 생각한다. 대부분의 사람들은 여기서 멈추고 포기해버린다.

사실 사람은 훈련을 통해 자신의 성격, 기질, 습관 등을 완전히 개조할 수 있다. 자신의 단점을 장점으로 바꾸는 일이 가능하다. 마음이 표현의 도구로 삼는 것이 바로 뇌이다. 수백 만 개의 뇌세포 대부분은 아직 사용되지 않은 채로 남아 있다. 그런데 무언가 흥미 있는 것에 집중하면 그것을 관장하는 미사용 세포 영역이 자극을 받아 활동을 시작한다. 그리하여 새로운 욕망과 감정과 능력을 표출시킬 도구를 제공해 준다.

당신의 마음가짐에 따라 다른 사람들이 당신에 대해 느끼는 인상도 달라진다. 사람의 마음가짐은 마치 공기처럼 그 사람을 둘러싸고 있다. 그리고 마치 자석과 같은 효과가 있어 타인을 끌어당기기도 하고 밀어내기도 한다.

또한 그 영향력은 사람에게만 미치는 것은 아니다. 사물이나 상황, 환경에도 똑같은 효력을 발생시킨다. 성공을 믿고 항상 긍정적인 마음을 유지하면 성공 실현에 필요한 요소들과 여건이 자연스럽게 갖춰진다.

대기 중에 공기의 흐름이 있고 바다에는 해류가 있는 것처럼 정신세계에도 사고의 흐름이 있다. 미덕의 흐름이 있고 악덕의 흐름도 있다. 공포의 흐름이 있고 용기의 흐름이 있다. 빈곤을 생각하고 예상하는 사람은 그 흐름에 휘말려 같은 생각을 하는 사람들과 만난다. 반대로 부와 성공을 생각하고 이야기하고 기대하는 사람은 그런 사람들과 만나고 결국 그들과 같은 계층으로 유입된다.

당신의 마음에서 온갖 부정적인 사고를 추방하라. '할 수 없어', '나는 운이 나빠', '이렇게 될 줄 알고 있었어', '나는 너무 한심해' 이런 말들은 모두 금기시해야 한다. 지금 이 순간부터 긍정적이고 강인한 생각만으로 마음을 채워라.

성공을 향한 첫 걸음은 자신을 믿는 것이다. 자신을 믿지 못하는 사람을 다른 사람이 믿어 줄 리 만무하다. 늘 자신감이 없고 부정적인 생각을 하는 사람은 부정적인 분위기를 가지고 있다. 그런 사람은 타인에게도 부정적인 인상을 준다. 반대로 강

한 자신감에 넘치는 사람은 타인에게도 그 느낌이 그대로 전해진다. 세상은 자신을 믿는 사람을 믿는다.

자신을 믿는 것은 타인뿐만이 아니라 자신의 정신 상태에도 좋은 영향을 미친다. 부정적인 생각으로 마음이 약해지면 아이디어와 사고와 계획 등이 나올 출구가 막혀버린다. 반대로 자신의 능력, 자질, 힘, 욕망, 계획, 성공을 믿는다면 마음의 정원에는 아이디어, 사고, 계획이 꽃을 피울 것이다.

'나는 할 수 있고 반드시 하겠다'는 마음가짐보다 삶에 바람직한 자극은 없다. 마음에는 자석과 같은 힘이 있어서 긍정적인 마음은 이로운 요소들을, 부정적인 마음은 해로운 요소들을 끌어들인다는 사실을 잊지 말라.

제9장

믿음은 에너지를 분출한다

아는 것과 믿는 것

 믿음이라고 하면 대개 종교적인 용어로 여기거나 일상생활에서 별로 중요하지 않은 말이라고 생각할지 모르겠다. 또한 믿음에 대한 일반인들이 느끼는 개념은, 이성과 약간은 관련이 있다고 여기면서도 대체로 그것과는 거의 독립된 감정 상태를 의미한다. 하지만 우리의 일상생활에서 대부분의 이성적 추론은 바로 믿음을 바탕으로 이루어진다고 해도 과언이 아니다.
 예를 들면 우리는 내일 아침 태양이 떠오르리라는 것을 안다. 하지만 그것을 절대적으로 확신하지는 못한다. 다만 역사적으로 아침에 태양이 계속 떠올랐다는 사실을 알기 때문에 내

The Secret of the Ages

일도 그것이 반복되리라는 믿음을 가지고 있을 뿐이다. 무언가가 어떤 결과를 낳으리라는 것을 절대적으로 확신하지는 못한다. 논리나 수학에 의해서도 그것을 입증할 수 없다. '똑같은 조건 아래에서 똑같은 원인은 똑같은 결과를 낳는다'는 우주의 법칙, 즉 인과의 법칙을 인정하지 않는다면 말이다.

당신의 하루하루 생활은 이러한 믿음을 바탕으로 이루어지고 있다. 지극히 당연하기 때문에 인식하지 못하고 있을 뿐이다. 예를 들면 비행기로 여행을 떠난다고 생각해 보자. 당신은 우선 표를 구입하는데, 당연히 표에 기재된 대로 지정된 공항에서 지정된 시간에 비행기가 이륙해 지정된 목적지에 도착하리라 믿는다. 당신은 그것을 아직 경험하지 않았기 때문에 원래는 아무것도 알 수가 없다. 하지만 그것을 당연한 사실이라고 생각하고 믿음에 따라 행동하는 것이다.

이제 비행기를 타고 있다고 생각해 보자. 당신은 조종사와 부조종사에 대해 전혀 알지 못한다. 만난 적도 없고 이름조차도 모른다. 그들이 유능한지 신뢰할 수 있는지 경험은 어느 정도 쌓았는지 단 한 가지도 아는 게 없다. 당신이 할 수 있는 일이라고는 항공회사에서 자격이 있는 사람을 뽑았다고 믿는 것뿐이다. 당신은 회사와 그들의 관리능력과 항공시스템 등 여러 가지를 믿고 몸을 맡기는 것이다.

은행, 병원, 보험회사, 정육점, 의사, 법률사무소 등 당신이 믿고 있는 실체는 한두 가지가 아니다. 믿음 없이는 인간관계도 사회도 성립될 수 없기 때문이다. 높은 곳에서 허공에 발을 디디면 추락해서 목숨을 잃을 수 있다는 생각은 중력의 법칙을 믿기 때문이며, 독사를 피하는 것은 물리면 몸에 해가 되리라는 점을 믿기 때문이다.

혹시 '믿는 것'이 아니라 사실을 '이미 알고 있는 것'이라고 반론하는 사람이 있을지도 모르겠다. 하지만 사람은 경험하기 전까지는 아무것도 알 수 없으며, 때가 되기 전까지는 미래의 일을 경험할 수 없다. 당신이 경험할 미래에 대해서 현재 할 수 있는 일은 바로 '그렇게 되리라'고 믿는 것뿐이다.

당신이 가지고 있는 지식은 과거에 관찰된 법칙에 근거해 세상이 움직인다는 믿음에 바탕을 둔 것이다. 믿음에 대한 희망이 없다면 강한 욕망에 불을 지피는 것은 불가능하다.

믿음은 육체의 병도 치유한다

'믿음에 의한 치유'는 약이나 다른 치료 수단을 이용하지 않고 오로지 환자의 희망과 믿음과 기대에 의지해 병을 치유하는 방법이다. 보통 믿음에 의한 치유라고 하면 신앙이나 기도의 힘을 비는 것으로 국한되었지만, 이제는 어떤 이름이 붙어 있든 어떤 방법이든 정신의 힘으로 병 치유가 가능하다는 개념이 되었다. 이는 마음과 몸을 연결하는 유기적 시스템의 선천적 힘을 불러일으켜 질병으로 나타나는 비정상적 상태를 물리치고 극복하는 과정이다.

잠재의식 속에 내재된 힘은 당신이 사실로 받아들이는 믿음에 쉽게 반응을 보인다. 심리학적 관점에 바탕을 둔 이런 치유법은 강력한 '암시'를 이용한다. 특히 많은 신앙인들이 모여 강력한 믿음이 발생하는 종교행사에서 이런 암시는 큰 효력을 발휘하기도 한다. 많은 사람들이 보내는 암시는 개인의 그것보다도 훨씬 강한 것이다. 암시에 의해 초래되는 현상은 다음과 같은 과정에 의해 발생한다.

1. 마음에 강력한 암시적인 개념을 불어넣는다.
2. 그 개념에 내포된 기대심리를 자극한다.
3. 기대심리의 효과가 발생하도록 잠재의식의 강력한 힘을 작동시킨다.

이렇듯 믿음에 의한 치유도 바로 마음속 믿음의 원칙을 따르고 있다. 위에 명시한 첫 번째 사항을 잘 이용하면 건강한 신체를 유지할 수 있다. 또 몸이 약해졌다면 이런 방법으로 점차 건강을 되찾을 수 있다. 하지만 이를 비정상적으로 잘못 이용하면 오히려 건강을 해치고 병에 걸리기 쉽다.

당신의 몸 상태는 상당 부분 당신이 마음속에 품고 있는 개념이나 이상理想의 특성에 의해 영향을 받는다. 또한 개념이나 이상에 생기를 불어 넣는 기대심리 혹은 믿음의 정도에 의해서도 영향을 받게 된다. 요컨대 이 문제에 관한 한 당신이 지켜야 할 원칙은 다음과 같다.

1. 신체적인 건강, 힘, 기운에 대한 개념이나 이상의 씨앗을 마음속에 뿌린다. 그리고 그것이 뿌리를 내려 싹을 틔우고 꽃을 피워 결실을 맺을 수 있도록 기대감, 확신, 믿음을 준다.
2. 결코 비정상적인 혹은 병적인 개념이 마음속에 침투하지 않도록 한다. 특히 그런 상태가 몸에 나타나지 않을까 하는 의심이나 두려움을 품지 않도록 유의한다. 오로지 건강하다는 믿음과 희망만을 가진다.
3. 만일 당신의 마음이 부정적이고 파괴적인 요소들을 품게 된 결과 건강이 나빠졌다면, 앞으로 건강해질 수 있고 이상적인 건강 상태를 유지할 수 있다는 바람과 믿음을 가짐으로써 그런 해악을 물리친다. 긍정의 힘이 부정의 힘을 물리친다는 게 심리학적 원칙 가운데 하나이다.

The Secret of the Ages

일과 인생에 대한 열정

잠재의식은 일반인들이 생각하는 것보다 훨씬 큰 힘의 원천이다. 사람의 정신활동의 75% 이상이 잠재의식의 거대한 지평에서 이루어진다. 우리들의 정신세계는 상상 이상으로 넓고 깊다. 의식이 활동하는 부분은 그중에서 극히 일부분에 지나지 않는다. 인류 역사상 가장 명석하다는 사람들조차 그 경계 부근을 탐색했을 뿐이다. 거기서 한참 넓어지는 전인미답의 영역은 계속해서 누군가에 의해 개발되기를 기다리고 있다.

잠재의식은 성공 또는 실패에 관한 뿌리 깊은 신념을 품는다. '나는 운이 나쁘다', '운명은 내 편이 아니다'라는 사실을 반복해서 잠재의식에 새기는 사람은 성공에 브레이크를 걸거나 방해하는 큰 힘을 자신 안에 키우고 있는 것이다. 스스로가 자신의 발목을 잡거나 앞길을 가로막는 내부의 적을 만들고 있는 셈이다.

반면에 '나는 운이 좋다', '운명은 내편이다'라고 믿는 사람은 의식뿐 아니라 잠재의식의 에너지를 최대한 끌어낼 수 있다. 자신의 행운을 확신하는 사람만이 성공을 가로막는 장애물을 뛰어넘을 수 있다.

사실 실패와 난관을 훗날 성공의 발판으로 삼았던 사람들의 대부분은 최후에 반드시 승리를 거머쥘 것이라는 믿음이 늘 마음 깊은 곳에 자리잡고 있었다고 밝힌다. 실패는 일시적인 과정에 지나지 않는다고 생각했다. 그들은 자신에게 최종적인 승리를 안겨 줄 '커다란 힘'의 존재를 믿었다. 그로 인해 불굴의 의지와 정신을 가질 수 있었다. 그들이 비관적인 생각만을 믿고 있었다면 결코 성공에 이르지 못했을 것이다. 이 커다란 힘이야말로 잠재의식이다. 누구나 똑같은 잠재의식을 지니고 있지만 어떤 사람의 경우는 발목을 잡히고 어떤 사람의 경우는 강력한 힘이 된다.

'나는 성공하지 못한다'라는 믿음이 잠재의식에 새겨져 있는 사람은 강의 흐름을 거슬러 헤엄치는 것과 같다. 아무리 사력을 다해 헤엄쳐도 앞으로 나아갈 수 없다. 반면에 잠재의식에 승리와 성공이 뚜렷이 각인되어 있는 사람은 강의 흐름을 따라 순리대로 나아간다고 할 수 있다. 그 흐름을 자신의 힘으로 만들고 있는 것이다.

성공과 소원 실현에 대한 믿음이 얼마나 중요한가는 당신 마음의 4분의 3을 당신 편으로 만들 것인가 혹은 적으로 돌릴 것인가를 놓고 생각해 보면 쉽게 이해가 된다. 더군다나 그 4분의 3은 당신이 깨어 있을 때뿐 아니라 잠을 자고 있을 때도 당신을 위해 활동하고 있다. 그런 도움을 모른다는 것은 너무 억울하지 않은가? 하물며 적으로 돌려버리다니!

잠재의식의 동력은 긍정에 대한 믿음이다. 자신의 성공과 힘

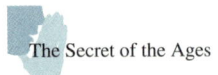

을 믿음으로써 잠재의식을 훈련시키고 교육시키고 인도하고 가르쳐라. 자연스런 흐름을 타게 하라. 두려움과 실패에 대한 믿음이 아니라 올바르고 긍정적인 힘에 대한 믿음을 가지고 꿋꿋하게 나아가라.

믿음은 사람이 가지고 있는 '열정'이라는 정신력의 근간이다. 믿음이 없으면 열정은 도저히 생겨나지 않을 뿐더러 그 에너지도 표출되지 않는다. 깊이 잠들어 있을 뿐이다. 열정을 깨우고 활동시키기 위해서는 믿음이 필요하다. 그 믿음은 물론 긍정적인 것이 되어야 한다. 실패나 좋지 않은 결과만을 생각하고 '할 수 없다'와 같은 부정적인 믿음으로는 결코 열정을 깨울 수가 없다.

옛 사람들은 열정을 '신의 선물'이라고 생각했고, 열정을 가진 사람은 신의 본성의 일부를 갖고 있다고 여겼다. 열정적인 어떤 사람이 종종 슈퍼맨 같은 능력을 발휘하는 것을 목격한 옛 사람들은 그가 초월적인 존재로부터 강력한 힘을 부여받았다고 믿었다.

당신은 일이든 공부든 이념이든 어떤 대상이든 간에 무언가에 강한 흥미를 갖게 되었을 때, 정신적 에너지가 상승하는 느낌을 경험한 적이 있을지 모르겠다. 이때는 마치 마음에 마법의 기름을 부은 것처럼 모든 일이 원활해지고 놀라운 속도로 움직이고 있는 것처럼 느껴진다. 마치 새로운 세계에 발을 들여 놓은 것 같기도 하다.

당신 주변의 일상적인 세계를 둘러보라. 비즈니스맨을 비롯하여 많은 이들이 어떤 일의 성공을 위해서 왜 열정을 중요한 자질로 언급하는지 그 이유를 이해할 수 있을 것이다. 열정이야말로 정신적, 육체적 힘의 원천이다. 열정이 있으면 통상적인 자신의 능력에다 잠재의식의 숨은 힘까지도 끌어낼 수 있다.

잘나가는 영업자에게 성공적인 영업을 위해 필요한 자질들에 대해서 묻는다면, 열정을 가장 먼저 손꼽을 것이다. 열정은 일에도 상당히 긍정적인 영향을 미치지만, 타인을 전염시키는 성질도 가지고 있다. 영업자는 열정을 통해 고객의 잠재의식과 커뮤니케이션을 하게 된다.

열정은 마음이 발현되는 하나의 양상으로 다른 사람에게 직접 영향을 끼칠 수 있으며, 상대방의 잠재의식에 직접 호소하는 힘을 가지고 있다. 강한 열정을 갖고 있는 사람은 그 열기를 주변 사람에게도 전할 수 있으며, 그 토대는 믿음이다. 믿음이 결여된 열정은 카드로 만든 집처럼 쉽게 무너져버린다.

자신이 하고 있는 일과 목표에 대한 믿음이 깊을수록 보다 큰 힘과 능력을 발휘할 수 있다. 그런 능력을 발휘하면 타인에게 미치는 영향도 커지게 되며, 당신에 대한 그들의 신뢰는 더욱 견고해진다. 당신이 열정을 품고 키우는 첫 번째 단계는 당신 활동의 목표와 그 내용을 믿는 것이다.

The Secret of the Ages

믿음도 열정도 없는 인생은 죽음과 다를 바 없다. 활기찬 삶을 살고 싶다면 마음과 영혼에 열정을 불러일으켜라. 당신이 시간과 노력을 쏟는 일에 믿음을 갖고 생기 넘치는 흥미를 자극하라. 그러면 마음이 불타오르는 듯한 열정을 느낄 수 있을 것이다.

믿음은 욕망을 부채질한다

욕망은 정신력에 필요한 두 번째 요소이다. 단, 욕망은 막연한 것이 아니라 자신이 진정으로 바라는 것이어야 한다. 그것이 무엇인지 정확히 알고 나면 간절히 원해야만 한다. 욕망은 '의지'라는 이름의 증기를 발생시키기 위한 불꽃이다. 충분한 욕망이 없으면 의지는 효율적으로 활동할 수가 없다. 욕망은 의지를 생성시키는 동력이다. '강한 의지가 있다'고 하면, '강한 욕망을 갖고 있다'는 의미와도 일맥상통한다. 목표 달성을 위해 온갖 힘과 에너지를 쏟을 수 있을 만큼 강한 욕망을 갖고 있다는 의미가 되기 때문이다.

욕망은 인간의 모든 정신활동에 지대한 영향을 미치며, 그 힘을 최대한으로 끌어낼 수 있다. 지성知性에 자극을 주고 감정을 고무시키며 상상력을 활발하게 한다. '나는 …을 원한다'는 충동이 욕망의 골자이며, 마음은 그것을 충족시키기 위한 모든 에너지를 쏟는다. 욕망이 없으면 생각이 거의 없을 테고, 따라서 행동도 없을 것이다. 욕망은 정신적인 면뿐 아니라 육체적인 면에서도 행동의 원동력이라고 할 수 있다.

무언가를 강하게 바라면 당신은 그것의 실현을 위해 더욱 열심히 일할 것이고, 그 과정은 아주 쉽고 간단하게 여겨진다. 반대로 어떤 일의 결과가 당신의 욕망에 반하는 것이라면 그 과정이 굉장히 힘들게 느껴진다. 누구든지 이런 경험을 갖고 있으리라 생각된다.

당신의 야망, 일, 목표 등을 추진하는 데 있어 에너지, 의지, 결의, 끈기 등의 강도는 욕망의 정도에 따라 결정된다. 따라서 '간절히 원한다면 어떤 것이라도 손에 넣을 수 있고 무엇이든 될 수 있다'라는 명제는 명명백백한 진실이다.

강한 믿음이 없으면 강한 욕망을 품을 수 없다. '원하는 바를 과연 이룰 수 있을까?' 하는 불안과 의심을 가지고 있다면 그것을 실현하기 위해 필요한 강한 욕망이 일어나지 않는다. 믿음의 결여는 욕망의 힘을 마비시켜버린다.

마음의 흡인력이 충분히 강하면 당신을 둘러싸고 있는 환경과 조건과 상황 및 사건들이 당신에게 유리한 방향으로 전개되어, 결국 당신의 주관적인 이상이 객관적인 현실로 창조된다. 이상은 마음속에 그려져 있는 명백하고 강력한 이미지이다. 욕

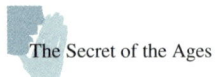
The Secret of the Ages

망이 그것에 불을 붙이면 의지라는 증기가 만들어진다. 하지만 욕망을 뒷받침하는 믿음이 없으면 결국 욕망의 색깔은 엷어지고 의지는 힘을 잃는다. 그러면 소원 실현의 길은 암담해진다. 마음의 흡인력은 믿음으로 강해진다는 것을 기억하기 바란다.

우리를 성공으로 이끄는 요소는 많이 있지만 가장 중요하고 기본이 되는 것은 자신감과 자기의존이다. 이 두 단어는 모두 자기 자신에 대한 믿음을 표현한다. 자기 자신을 믿는 사람은 의식의 힘을 최대한 발휘할 뿐 아니라 잠재의식의 힘까지 지배하고 이용한다. 그뿐 아니라 목적을 향해 가는 도중에 만나는 사람들의 마음에도 그런 힘이 생기도록 영감을 불어넣는다.

성공하는 사람은 자기 자신의 힘, 에너지, 능력, 가능성 등을 직관으로 알고 있는 것 같다. 그들은 한결같이 자기 자신에 대한 깊은 믿음을 가지고 있으며, 일시적인 패배를 발판으로 삼아 반드시 승리를 거머쥔다. 마치 고무공과 같아서 바닥에 떨어지면 반발력으로 튀어오르며, 강하게 떨어질수록 더 높이 솟아오른다. 그들은 자신의 마음을 굳게 믿으면 틀림없이 승자가 된다는 사실을 알고 있다.

자기 자신에 대한 믿음을 가져본 적이 없는 사람은 주변 동료들에 의해 성공을 위한 자질이 부족한 패배자로 금세 낙인찍혀버린다. 사람들은 그를 더 이상 신뢰하지 않으며 큰 기대도 하지 않는다. 그러면 세상은 그를 그에게 어울리는 영역으로 추방한다.

어떤 분야에서든 성공한 인생 이야기를 들어 보면 이러한 원칙이 절대적으로 적용된다는 사실을 알게 된다. 그들은 여러 차례 실패를 경험한 적이 있다. 한동안은 패배의 충격으로 망연자실한 상태에 빠져 있었지만, 성공을 향한 의지를 잃지는 않았다. 하지만 세상의 주 무대 밖으로 완전히 밀려나기 전에 단호히 일어나 운명에 맞섰다. 그리하여 마침내 운명의 여신은 그들이 성공할 만한 자격이 있음을 인정하고 많은 은혜를 베풀어 주었던 것이다.

'나는 나'라고 단언할 수 있는 진정한 자아를 발견하고 이해함으로써 불굴의 의지를 가질 수 있다. 진정한 자아는 우주의 힘과 당신과의 사이를 가로막고 있는 장애물을 제거해 줄 수 있다. 진정한 자아와 함께 당신의 계획과 목적을 실현할 수 있음을 믿는 것이 당신의 힘이 된다. 당신의 진정한 자아를 발견하라. 그리고 그것의 힘을 굳게 믿고 바라는 바를 성취하라.

Part 5
다섯 번째 법칙

상상력의 법칙

어떤 행동을 할 때 결코 알 수 없는 것,
어떤 결과가 나올지 알 수 없다.
하나의 행동은 하나의 씨앗을 뿌리는 것,
하지만 그 결실을 볼 수는 없다.
하나의 자비로운 행동은
신의 기름진 토양에 떨어진 열매다.
당신은 알지 못하겠지만,
거기서 나무가 자라면 수고하는 이들의 쉼터가 된다.
미움이나 사랑이 찾아올 때,
당신의 생각이 무엇을 할지 당신은 알 수 없다.
생각들은 유형의 존재들이며 그들의 가벼운 날개는
비둘기보다 날쌔기 때문이다.
그들은 우주의 법칙을 따르노니,
각각의 존재는 자신의 모습을 창조하고,
궤도를 넘어 순식간에 당신에게 달려온다.
당신 마음속에서 나온 것을 되돌려 주기 위해.

― 엘라 휠러 윌콕스 Ella Wheeler Wilcox

제10장

창조의 열쇠

상상력이 소원을 구체화시킨다

　행복을 원하는가? 성공하고 싶은가? 지위와 권력과 부를 손에 넣고 싶은가? 그렇다면 그 이미지를 만들어라. 그것이 당신이 바라는 모든 것을 창조하는 방식이다. 신은 마음속에 자신의 형상을 떠올려 인간을 만들었다. 세상의 모든 것은 그렇게 태어났다.
　상상력을 이용하여 당신의 소원을 마음속에 그려라. 소원이 실제로 성취되었고 원하는 것을 손에 넣었다고 믿을 만큼 생생하고 확실하게 그려 보라. 당신의 잠재의식에 그 확신이 닿는 순간 그 꿈은 현실로 다가온다. 실현되기까지는 다소 시간이

The Secret of the Ages

걸릴 수도 있지만 중요한 부분은 거의 완성된 것이다. 당신은 꿈의 모델을 만든 셈이고, 그 다음은 잠재의식에 맡겨두기만 하면 된다.

모든 사람들은 틀에 박힌 일상에서 벗어나 지금보다 더 성장하고 나아지길 원한다. 현재 위치에서 지니고 있는 부, 지위, 교육 등에 상관없이 그 길은 당신을 위해 활짝 열려 있다. 항상 이 점을 명심하라. 당신의 잠재의식은 당신이 갓난아기였을 때부터 세상의 모든 대학과 도서관에 있는 온갖 책에 쓰여 있는 지식이나 정보보다 더 많은 것을 알고 있다. 그러므로 교육을 제대로 못 받고 돈이 부족하다고 해서 기가 꺾일 필요가 없다. 당신 자신이 마음에 기회를 준다면 모든 요구를 들어줄 수 있으니까 말이다.

인류 역사를 보면 가난하고 교육을 제대로 받지 못했지만, 원대한 꿈을 품고 불운한 환경을 극복해 마침내 위대한 지도자가 된 인물이 수없이 많다. 예수의 12제자는 모두 교육도 제대로 못 받았지만 불멸의 업적을 이루어냈다. 잔다르크Jeanne d'Arc는 가난한 시골 소녀였고 글을 읽지도 쓰지도 못했지만 프랑스를 구해냈다. 나폴레옹도 가난하고 비천한 집안 출신이었지만, 필사적인 노력으로 위대한 인물이 되었다.

현대 비즈니스 세계에서도 입지전적인 인물들이 적지 않다. 앤드류 카네기Andrew Carnegie는 재산을 많이 쌓은 후에야 가정교

사를 고용하여 교육을 제대로 받기 시작했다. 이들을 성공으로 이끈 가장 큰 힘은 바로 신의 선물인 창조적 상상력이다. 당신도 분명히 그러한 능력을 가지고 있다.

마음속에 자신의 미래 모습을 그려보라. '혹시 그럴 수도 있겠다' 정도의 막연한 상상이 아니라 현실에 실재하는 것처럼 마음속에 확실하게 만들어 보라.

지금 당신이 처한 상황이나 환경이 어떻든 간에 그것을 넘어서라. 힘은 높은 위상에서 낮은 위상으로 흐르게 되어 있다. 당신이 현재 안고 있는 곤란과 역경을 넘어 더 높은 위상으로 자아를 끌어올려라. 나폴레옹은 최고 전성기 때 이런 말을 했다.

"상황? 상황은 내가 만든다."

우리가 본보기로 삼아야 할 명언이 아닌가.

상상력을 키우는 법

앨버트 아인슈타인Albert Einstein은 한때 이렇게 말했다.

상상력은 지식보다 더 중요하다. 왜냐하면 지식은 제한적이지만 상상력은 계속해서 발달을 자극하고 진보를 낳으면서 온 세계를 포용하기 때문이다.

The Secret of the Ages

과학 세계에서 통용되는 원리는 비즈니스 세계와 일상생활에서도 적용된다. 오늘날은 그 어느 때보다도 창조적 상상력이 요구되는 시대이다. 창조적 상상력은 어떤 특별한 재능을 가진 개인만의 전유물은 아니며, 누구든 그것을 아주 풍부하게 지니고 있다. 다만 아직 그것을 개발하지 못했을 뿐이다.

우선 그 전에 창조성이 무엇인지 제대로 알 필요가 있다. 창조성은 세 가지 요소로 분류할 수 있다. 즉 문제에 대한 민감한 인식, 능숙한 해결책 제시, 문제해결의 유연성(상상력)이다. 창조적이라 함은 바로 이 세 가지 기본 요소를 자극하는 것이다.

하지만 이런 요소들을 어떻게 실천할 수 있을까? 첫 번째 요소를 보자. 문제를 민감하게 인식한다는 의미는 '일을 개선하기 위해 내가 무엇을 할 수 있을까?'라는 질문으로 요약할 수 있다. 창조적인 관리자는 일하면서 항상 이 질문을 자신에게 던진다. 이 질문은 그의 마음속에 깊이 새겨져 있어 무의식 속에서도 항상 새로운 프로그램을 개발하고 새로운 분야를 개척하려고 한다. 창조성이 부족한 사람도 늘 자신이 하는 일에 대해 최선의 방안을 계획하고, 마음의 힘을 이용한다면 충분히 창조적으로 변할 수 있다.

능숙하게 해결책을 제시하는 능력을 개발하는 것은 그다지 어렵지 않다. 그중 한 방법이 미국 광고회사 부사장이었던 알렉산더 오스번Alexander F. Osborn이 주창한 브레인스토밍Brainstorming이다. 이는 비즈니스계에서 많이 활용되던 방법으로 8명 내지 12명이 한 방에 모여 앉아 어떤 문제를 놓고 계속해서 해결책을 제시하도록 하는 것이다. 이 테크닉을 활용해 보자.

우선 마음속으로 문제에 대한 해결책을 집중적으로 생각해 가며 이런저런 아이디어를 계속해서 떠올린다. 엉뚱한 아이디어라도 상관없다. 내용에 연연하지 말고 비판도 하지 말고 일단 계속해서 아이디어를 모은다. 아이디어가 충분히 나오면 그것들을 하나씩 분석한다.

브레인스토밍에 익숙해지려면 정기적으로 개인적인 시간을 갖고 아이디어를 떠올리는 연습을 해 보는 게 좋다. 일단 자신에게 할당량을 부과한다. 예를 들면 '새로운 마케팅 프로그램을 여섯 개씩 생각한다' 하는 식으로 말이다. 데드라인을 정하면 더욱 효과적이다. 좀 익숙해지면 할당량을 늘리고 생각할 시간도 좀더 촉박하게 잡는다.

평소 전철이나 버스 안 혹은 편안한 장소에서 연습하는 습관을 들이는 것도 하나의 방법이다. 그렇지만 자신이 정한 데드라인은 반드시 지키도록 한다. 이 연습을 계속하다 보면 심한 중압감을 받는 환경에서도 아이디어를 창출하는 데 스트레스를 받지 않게 될 것이다.

The Secret of the Ages

상상력의 영원한 동반자

창조성의 세 가지 요소 가운데 상상력을 발달시키는 것은 가장 즐거운 일이라고 할 수 있다. 그 기본적인 원칙은 호기심을 억제하지 않는 것이다. 호기심과 창조성은 밀접한 관계가 있기 때문이다.

오래 전 오하이오 주 데이턴에서 가게를 운영하는 제이콥 리티Jacob Ritty라는 사람이 있었다. 리티는 대서양을 횡단하는 배를 타고 가다가 배 스크루의 회전을 기록하는 기기에 큰 관심을 가지게 되었고, 같은 방식을 이용하면 금전 출납을 자동으로 기록할 수 있지 않을까 생각했다. 그렇게 해서 탄생한 기기가 바로 금전등록기다.

문제에 대해 민감하고 뛰어난 해결 능력을 갖추었음에도 나이가 많다는 이유로 자신의 노력에 대한 가치를 의심하는 사람들이 있다. 절대로 그렇게 생각할 필요가 없다. 벤저민 프랭클린Benjamin Franklin, 레오나르도 다빈치Leonardo da Vinci, 앨버트 아인슈타인Albert Einstein 등은 인생의 마지막 순간까지 창조성을 잃지 않은 인물들이었다. 《달과 6펜스The Moon and Sixpence》의 작가 서머셋 모옴William Somerset Maugham은 '창조성은 훈련에 의해 발달한다'고 하면서 이런 말을 남겼다.

"통념과는 달리 창조적 능력은 나이가 들수록 더 강해진다."

하지만 어떤 창조성도 무용지물로 만들 수 있는 함정이 있다. 다름 아닌 인내심의 결여이다. 아무리 좋은 아이디어라도 실현되지 않으면 아무런 가치도 없다. 뛰어난 아이디어라도 그것을 실행하려면 굉장한 인내가 필요한 것이다.

발명왕 에디슨을 예로 들어보자. 전구의 심장부인 필라멘트 소재를 찾기 위해 그는 6천 가지가 넘는 재료를 가지고 실험했다. 거의 대부분이 실패했지만 그는 결코 포기하지 않았다. 그는 낙담하는 보조연구원에게 밝은 표정으로 이런 농담을 던졌다고 한다.

"모든 것을 실험해 보세. 림버거 치즈로도 해 보자구."

The Secret of the Ages

제11장

의지가 불가능을 파괴한다

누가 실패자가 되는가

　지금 당신이 경험하는 세계의 창조주는 당신이다. 당신은 의식적으로 혹은 무의식적으로 자신의 세계를 만들고 자신의 운명을 결정해 왔다. 당신이 무지하든 현명하든, 선을 위해서든 악을 위해서든 당신이 행동하고 존재하고 살아가는 세계는 당신 자신이 만든 것이다. 행복도 불행도 당신이 만든 것이다.
　당신이 품고 있는 이상은 언제나 현실이 된다. 당신은 이상을 실현시키고 있다. 지금까지 무의식적으로 해왔던 것을 이제부터 의식적으로 하라. 당신은 자신의 이상을 창조하고 지배함으로써 당신이 경험하는 세계의 창조주이자 지배자가 된다. 운명의 노예가 아니라 주인이 되는 것이다.

명확하고 역동적이며 창조적인 이상은 당신의 육체, 마음, 영혼의 모든 힘을 불러일으킬 수 있다. 그 영향 속에서 이성과 상상력은 놀라운 일을 수행한다. 그리고 욕망은 더 강렬히 불타오르고 의지는 더욱 굳건해진다. 잠재의식이라는 멋진 저장고는 창조적 이상이 제대로 노크를 하면 그 문을 활짝 열어 준다. 더 나아가 초의식이 그것을 이루기 위해 지혜와 지식을 의식에게 부여해 줄 것이다.

확고한 이상과 집중력 있는 의지는 당신의 창조적 힘을 이루는 쌍둥이 거인이다. 양쪽을 똑같이 키워가라. 어느 한쪽의 결여가 다른 한쪽의 발목을 잡는 일이 있어서는 안 된다. 당신의 진정한 자아가 쌍둥이 거인들의 양 손을 잡고 발맞춰 나아가도록 하라. 예로부터 불교에서는 이런 말씀이 전해져 내려온다.

올바르게 아는 것은 올바르게 생각하는 것이요. 올바르게 생각하는 것은 올바른 의지를 갖는 것이다. 올바른 의지를 갖는 것은 올바르게 행하는 것이다. 행함의 뿌리는 앎이요, 앎의 열매가 행함이니라.

궁극적인 진리가 무엇이든 사람은 자기 자신의 창조력을 마음대로 사용할 수 있다. 당신은 당신 왕국의 창조주이다. 그곳

The Secret of the Ages

은 오로지 당신 자신과 당신의 상상력과 당신의 의지력에 의해 만들어진다.

비즈니스 세계에서 보통 열 명 중 한 명만이 성공하는 이유는 대부분의 사람들에게 성공에 필요한 요소가 부족하기 때문이다. 여러 분야에서 성공을 거둔 사람들을 분석한 결과, 그들이 공통적으로 지니고 있었던 자질은 바로 '불굴의 의지'였다.

지적인 학습을 반복하면 뇌가 발달한다는 사실은 누구나 알고 있다. 교육 시스템은 이런 이론에 기반을 두고 있다. 하지만 의지에도 이와 똑같은 논리가 적용된다는 사실은 많이 알려져 있지 않다. 의지력을 키우는 훈련을 받지 않기 때문에 그 방법을 아는 사람도 별로 없다.

남의 의지에 휘둘리는 이유는 자신의 의지가 그만큼 약해졌기 때문이다. 의지는 워낙 미묘해 그 실체가 파악되지 않지만, '나'의 내적 본질에 깊게 관여하는 것은 분명하다. 우리가 어떤 행동을 할 때 그것은 의지를 통해 이루어진다. 의지는 바로 나의 내적 본질, 즉 자아의 발현이다.

자아의 발현에는 두 가지가 있다. 하나는 '나는 존재한다'는 현실 자체를 드러내려는 것이고, 다른 하나는 '나는 무엇을 하겠다'는 행동에 대한 욕망과 결의를 드러내려는 것이다. 특히 두 번째 발현은 삶에 대한 내부의 힘이 가장 강력하게 표출되는 것이다.

당신이 어느 정도의 의지를 키우고 그 의지를 얼마나 분명히 드러내느냐에 따라 당신의 적극성이 결정된다. 의지가 약한 사람은 부정적이고 겁이 많지만 의지가 강한 사람은 긍정적이고 용감하다. 우주는 긍정적인 것에 더욱 힘을 실어 준다.

의지는 바로 사람이 살아가는 힘이다. 의지는 전력電力이나 자력磁力처럼 실재하는 힘이다. 미물에서 인간에 이르기까지 욕망과 의지를 가지고 있다. 무엇을 하고자 하는 욕망이 생기면 그것을 실현하고자 하는 의지가 뒤따르게 된다.

의지가 있는 사람에게 불가능은 없다. 다만 충분히 강한 의지를 품어야 한다. 의지의 힘은 자신의 능력을 믿느냐 믿지 못하느냐에 달려 있기 때문에 모든 행동의 추이도 의지에 달려 있다고 할 수 있다.

자신에게 의지가 있다고 믿지 않으면 당연히 의지가 실현되지 못한다. 많은 사람들이 자신에게 내재된 강한 의지를 발휘하지 못한다. 왜냐하면 자신이 그런 의지를 갖고 있다는 사실을 인식하지 못하기 때문이다. 어쩌다가 예기치 않은 상황에 직면해 의지를 발휘할 일이 생겼을 때, 비로소 자신이 강한 의지의 소유자임을 깨닫게 된다. 하지만 그런 상황에 한 번도 직면해 본 경험이 없는 많은 사람들은 자신에게 강한 의지가 있는지도 모른 채 삶을 마감하게 된다.

의지와 고집은 다른 것이다. 의지가 강한 사람은 나아가야

The Secret of the Ages

할 때와 물러서야 할 때를 안다. 상황에 따라 일보 후퇴하는 것은 일보 전진을 위한 전략일 뿐이다. 이런 사람은 항상 목표가 확실하다. '전진하라'는 마음의 목소리가 명령을 하면 누가 뭐라 하든 어떤 장애물이 가로막고 있든 절대로 주저하지 않고 힘차게 발을 내딛는다.

사람이 지닌 힘의 근간은 의지이며 이 세상에서 뭔가 이루고자 하는 사람은 의지가 강해야 한다. 그러기 위해서는 우선 자신이 의지가 부족하다는 사실을 인식하고 '나는 할 수 있다', '나는 그것을 이루어낸다'고 늘 자신을 격려하면서 세상의 모든 유혹을 극복할 수 있는 힘을 키워야 한다.

그런 인식은 뭔가를 끝까지 해내기 위해 꼭 필요하다. '나는 할 수 있다'는 생각은 자신의 능력이나 힘에 대한 믿음의 표현이다. 그것에서 자신감이 생기고 우주와 마음이 연결되어 의지가 생기는 것이다.

나는 해낼 거라고 외쳐라

의지의 발현이란 목적을 실현하기 위해 마음의 잠재력과 잠자고 있는 에너지를 일깨우는 것만을 의미하지는 않는다. 그것은 주위 사람들이 자신의 말에 주목하고 따르게 하는 강력한 정신적 영향력을 의미하기도 한다. 인간세계의 온갖 경쟁에서 의지가 가장 강한 사람만이 최후의 승리를 거머쥔다. 그 기간이 길 수도 있고 짧을 수는 있지만 결말은 항상 같다.

그러므로 항상 '나는 의지가 강하다'는 믿음을 가져라. 자신의 지닌 모든 힘을 동원해 새로운 사람이 되라. 목적과 목표를 찾고 그것에 인생을 던져라. 강철 같은 의지력은 천 명의 기를 꺾을 수 있다. '불가능'이란 바보나 패배자의 사전에나 있는 단어이다. '정복이냐 죽음이냐'를 놓고 결심하는 사람은 절대 정복당하지 않는다. 많은 사람들이 자신이 과연 성공할 수 있는 자질을 갖추고 있는지 나에게 묻곤 한다. 그럴 때마다 이런 대답을 해 주곤 한다.

> 당신은 분명 성공할 능력을 갖추고 있습니다. 하지만 성공할지 실패할지 장담할 수 없습니다. 모든 건 당신에게 달려 있으니까요. 당신은 성공할 수 있습니다. 성공하시겠습니까?

해낼 수 있는 능력을 가지고 있다는 것과 해낸다는 것은 다르다. 당신의 엄청난 능력의 대부분은 사장되어 버릴지도 모른다. 사람들은 왜 자신의 능력을 충분히 사용하지 못할까? 성공해서 부자로 살 수 있는 사람이 왜 불안과 불만에 가득 찬 생활에 만족하고 있을까? 성공할 기회가 있었는데도 왜 성공하지

The Secret of the Ages

못했을까? 가치 있는 인생을 보내고 싶고 야망도 있는데 왜 그렇게 할 수 없을까?

나는 왜 주저하고 있는가? 무엇이 나를 억누르고 있는가? 무엇이 가로막고 있는가? 자신에게 물어보라. 아마 금방 해답을 찾을 수 있을 것이다. 당신을 억누르고 가로막고 있는 것은 바로 당신 자신이다. 그 누구도 그 무엇도 아니다. 기회는 모든 사람에게 동등하게 주어진다.

당신만이 문제가 무엇이고 그 해답이 어디에 있는지 찾을 수 있다. 육체적인 것인가? 정신적인 것인가? 교육이나 훈련을 제대로 받지 못했는가? 무엇이 부족하여 꿈이나 희망을 이루지 못한다고 생각하는가? 아주 사소한 습관이나 결점이 족쇄처럼 가치 있는 야망의 실현을 방해할 수도 있다.

당신이 이루어낸 성과가 당신의 야망에 훨씬 미치지 못한다면 뭔가 잘못이 있는 것이다. 지금까지 노력한 결과에 만족할 수 없다면 다시 한 번 자신을 돌이켜 보라. 자신의 마음과 육체의 능력을 재평가해 보라. 어디서 장애물에 걸리고 어디서 가장 큰 실수를 했는지 생각해 보라.

그렇지만 이를 명심하라. '기회가 없다', '아무도 도와주지 않는다', '격려해 주지 않는다', '자금이 없다', '방법을 가르쳐 주는 이가 없다' 따위의 어리석은 변명은 이제 그만둬야 한다. 당신 마음속에 확실한 꿈이 있고 그 가치를 인정한다면 길은 반드시 열리게 되어 있다.

  용기, 힘, 정신력을 키우기는 쉽지 않다. 각종 과일이 풍부하고 옷과 집 문제로 고민을 하지 않아도 되는 열대 지방에서는 부지런히 일할 필요가 없다. 이런 곳에 사는 사람들은 척박한 땅을 개간하거나 추위를 막기 위한 방안을 찾느라 애쓰지 않는다. 하지만 인간 문명의 대부분은 혹독한 자연 환경과 온갖 역경을 극복하려는 사람들에 의해 건설된 것이다.

  언제나 자신이 처한 환경이나 조건 탓을 하고 상황이 좋아지기만을 마냥 기다리는 사람은 절대로 성공할 수 없다. 어떤 환경에 처해 있든 고난을 헤쳐나가려는 사람, 불가능한 일을 가능한 일로 만들려고 하는 사람, 장애물을 두려워하지 않는 사람, 그런 사람만이 성공할 수 있다. 장애물을 퇴치하려는 자신과의 싸움이야말로 목표로 나아갈 수 있는 힘을 길러 주기 때문이다.

  확고한 결의를 품은 사람은 그 누구도 그 무엇도 그의 길을 막지 못한다. 어떤 장애물이 가로막고 있으면, 그는 그것을 도약의 발판으로 삼는다. 돈이 없다면 가난을 채찍으로 여길 것이고, 감옥에 갇히면 소설이라도 쓸 것이다. 우리가 경탄과 존경의 시선으로 바라보는 모든 위대한 인물들의 업적은 시련을 극복하는 불굴의 힘, 즉 의지가 이룩해낸 사례이다.

  앞길을 가로막는 커다란 장애물이나 역경을 어떻게 바라보

The Secret of the Ages

느냐에 따라 당신의 성공 능력을 평가할 수 있다. 어떤 사람은 그런 것들에 압도되어 도저히 자신의 힘으로는 어쩔 수 없다고 지레 포기한다. 하지만 자신이 그런 장애물보다 더 강하다고 느끼는 사람은 장애물을 아예 무시해버린다.

무슨 일이든 이런 저런 이유와 핑계를 대면서 도저히 가능하지 않다고 입버릇처럼 말하는 사람이 있다. 하지만 그 옆에는 그런 일을 거뜬히 해치우는 사람이 있다. 할 수 없다고 생각하는 사람은 작은 시련에 부딪히기만 해도 그냥 주저앉아버린다. 목적지까지 곧장 가는 길이 훤히 내다보이지 않으면 과감하게 발을 내딛지 못한다. 장애물이 보인다는 이유만으로 용기를 잃는 것이다. 비교적 쉬운 일을 맡겨도 그는 '못할 것 같습니다. 제가 하기엔 무리예요.'라고 말할 것이다. 그 결과 그는 계속해서 현재의 자리에 머물러 있을 수밖에 없다.

야망을 달성하기 위해서는 어떤 일이라도 해내려는 의지와 결의가 뒷받침되어야 한다. 이것이야말로 승리를 거두기 위한 마음가짐이다. 경쟁이 시작되기도 전에 포기하는 사람은 남보다 높은 지위나 앞선 위치에 설 수 없다. 언제까지나 다른 사람의 뒤만 따라가는 삶에 만족해야 한다.

"사람은 힘이 부족하지 않다. 의지가 부족할 뿐이다."
프랑스 작가 빅토르 위고 Victor Hugo의 말이다.
눈앞에 가득 놓여 있는 많은 장애물을 보고 실망할 필요는 없다. 밀리서 보기에 극복하기 어려워 보이는 장애물도 가까이 다가가면 작아지기 마련이다. 용기와 자신감을 갖고 앞으로 나아가다 보면 어느새 장애물이 훨씬 작아져 있거나 깔끔하게 사라져 있음을 알게 될 것이다.

인생에서 성공 여부는 자신의 결의와 능력에 대한 강한 믿음에 의해 결정된다. 결의가 쉽게 변질되거나 다른 방향으로 나아가도록 설득을 당한다면 잘못된 길로 나아가고 있는 것이다. 건강상의 이유 등으로 지체될 수도 있다. 하지만 목적지를 향해 제대로 출발을 하지 못하거나 중도에 주저앉고 마는 가장 큰 이유는 자신의 결의를 추진시킬 에너지가 부족하기 때문이다. 강한 결의와 자신에 대한 확고한 믿음만이 성공할 수 있다는 사실을 분명하게 깨닫지 못하면 되풀이해서 좌절감에 빠지거나 결심이 흔들리게 된다.

최선을 다해 일하라. 의욕과 야망을 지닌 사람에게 실패란 있을 수 없다. 우리는 살아가면서 일을 버거운 멍에라고 여기지만, 사실 일이야말로 인류의 구세주이며 위대한 스승이다. 일만큼 힘과 정신력을 길러주고 인격을 성숙하게 만드는 것도 없다. 미국의 시인 에머슨 Ralph Waldo Emerson은 이렇게 말했다.

> 흔히들 행운을 일컬어 승리라고 한다. 하지만 일이야말로 승리다. 어떤 일이든 완수되기만 하면 승리를 거머쥐는 것이다.

고대 로마 시대의 장군이자 정치가인 율리우스 카이사르(Gaius Julius Caesar)는 동시대의 어떤 인물로부터 이런 평가를 받았다.

"그가 전쟁에서 많은 승리를 거둘 수 있었던 것은 전략이나 전술적 능력보다는 단호한 의지와 추진력 덕분이었다. 그는 목표한 바가 있으면 모든 수단을 놓치지 않기 위해 항상 눈을 크게 뜨고 귀를 기울이고 있으며, 기회란 기회는 모두 낚아채기 위해 양 손을 벌리고 있다. 출세를 위해 도움이 될 만한 모든 것을 잡기 위해 경계를 게을리 하지 않는다. 삶에서 얻은 경험을 밑그림 삼아 자신의 원대한 계획을 세우며, 성공으로 이끌어 줄 고귀한 욕망과 영감을 얻기 위해 늘 마음을 활짝 열어 두고 있다. 그의 마음속에는 '만일' 혹은 '그렇지만'이라는 단어가 없다. 그가 앞으로도 지금처럼 건강만 유지한다면 승승장구하는 그의 기세를 막을 자는 아무도 없다."

제12장

미래는 지금 만들어지고 있다

과거를 잊는 법

당신이 인생에서 가장 바라는 것은 무엇인가? 그것이 무엇이든 얻을 수 있다. 따라서 무슨 일이 있어도 실망하거나 낙담할 필요가 없다. 가난이나 낮은 학력, 과거의 실패에 집착할 필요도 없다. 당신 마음의 위대한 힘이 어떤 일이든 이루어 줄 테니 말이다. 지금까지 그 힘을 사용하지 못했다 해도 아쉬워하거나 한탄하지 말라. 이미 그것은 지난 일일뿐이다. 지금이라도 결코 늦지 않았다. 당장 시작하라. 성공과 실패의 갈림길은 당신의 인내와 신념에 달려 있다.

미국의 제16대 대통령 에이브러햄 링컨Abraham Lincoln을 예로

The Secret of the Ages

들어 보자. 링컨은 인디언 토벌 전쟁인 블랙호크 전투Black Hawk War에 참전해 장교가 되었지만 변변한 전과를 올리지 못했다. 그 후 잡화점도 운영하고 측량기사로 일하기도 했지만 빚더미에 올라앉고 말았다. 일리노이 주 의회에 처음 입후보해서 낙선했고, 후에 연방상원에서도 낙선했으며, 1856년 부통령 후보 지명전에서도 패배한 바 있다. 만일 그가 거듭된 실패로 좌절감에 빠져 헤어나오지 못했다면 과연 대통령이 될 수 있었을까? 그는 불굴의 의지를 가지고 있었기에 오늘날 역사상 가장 위대한 대통령으로 추앙받고 있다.

남북전쟁의 주역인 율리시스 그랜트Ulysses Simpson Grant 장군은 농부로서도 사업가로서도 실패했다. 39살 때는 장작을 팔아서 겨우 생계를 유지할 정도로 가난했다. 하지만 그로부터 9년 뒤 그는 미국의 제18대 대통령이 되었다.

역사책을 펼쳐 보라. 나폴레옹, 알렉산더, 크롬웰, 카이사르, 패트릭 헨리 등, 온갖 역경이 닥쳐와도 언제나 자신을 믿고 다가온 기회를 놓치지 않았던 수많은 위인들이 많다. 당신도 늦지 않았다. 그들처럼 큰 성공을 거둘 수 있는 능력이 있다.

당신이 과거에 얼마나 많은 실패를 겪어 왔든 얼마나 열악한 환경에 놓여 있었든 그것은 중요하지 않다. 어떤 이는 이렇게 말했다.

"싸움에서 승패를 결정짓는 것은 몸집의 크기가 아니라 마음속 전의戰意의 크기이다."

당신이 지닌 전의의 크기는 믿음의 정도에 따라 결정된다. 당신 자신과 당신의 이상 속에서 발휘되는 창조력에 대한 믿음이다. 어제는 이미 지나갔고 어제의 실패도 지나갔다. 중요한 것은 오늘이다.

전쟁과 마찬가지로 비즈니스 세계에서도 승리가 있고 패배가 있다. 현재의 역경이 전화위복의 기회가 되어 승리를 거머쥐는 사례는 수없이 많다. 하지만 그런 승리는 역경을 역경이라 여기지 않고 오히려 그것을 긍정적으로 받아들이는 사람에게만 그 기회가 찾아온다.

자신을 믿지 못한다면 살아갈 이유가 없다. 앞으로도 보상을 기대할 수 없고 단조롭고 따분한 삶을 살아가야 한다면 인생이 무슨 의미가 있겠는가?

성공은 기대를 갖고 자신을 철저히 믿으면서 열심히 일한 끝에 얻어지는 것이다. 어제의 실패로 좌절하지 말라. 하워드T. C. Haward는 《포브스Forbes》지에 이런 글을 발표했다.

> 어제는 지나갔다, 그것은 그저 꿈이었을 뿐,
> 과거는 다만 기억에 지나지 않는다.
> 내일은 희망이라는 스크린에 투영되는 것,
> 환영이나 가상의 세계다.

The Secret of the Ages

왜 어제의 병으로 한탄하며 추억을 슬픔으로 물들이는가.
왜 내일 일어나지도 않을 일을 초조해하고 고민하는가.
어제는 지나갔다, 결코 다시 오지 않는다,
오직 평온과 안식만이 남아 있을 뿐.
아무도 내일을 알지 못한다,
그 위안으로 삼을 것은 희망과 믿음과 신념이다.

내가 가진 것이라곤 지금 이 순간뿐,
잘 쓰는 것도 헛되이 쓰는 것도 내게 달려 있다.
그렇지만 나는 알고 있다,
나의 미래가 오늘을 어떻게 사느냐에 달려 있다는 것을.

지금 이 순간 나의 과거와 미래는 내가 창조하는 것,
지금 내가 하고 있는 행동과 일에 의해,
지금 내가 사용하는 언어와 생각에 의해.
내가 선택하는 대로 그것을 만든다.

그러므로 난 미래를 두려워하지 않으며,
과거를 슬퍼하지도 않는다.
오늘 할 수 있는 모든 걸 하기 때문에,
마치 지금이 마지막인양 이 순간을 살기 때문에.
정말 지금이 마지막일까? 그 누가 알겠는가?

실패는 또 다른 기회이다

앨라배마 주의 엔터프라이즈 마을에는 주민들이 세운 아주 특이한 기념비가 있다. 그 기념비의 주인공은 공적을 쌓은 인물이 아니라 목화 벌레이다. 일찍이 이 마을은 오래 전부터 목화만을 재배해 왔다. 매년 목화 가격이 비싸지면 주민들은 넉넉한 삶을 살았고, 반대로 가격이 폭락하거나 작황이 좋지 않으면 큰 어려움을 겪곤 했다.

그런데 어느 해인가 목화를 먹어치우는 해충이 많이 출현했다. 그 해에는 수확량이 줄어드는 정도가 아니라 거의 수확이 불가능할 정도였다. 주민들에게 남은 것은 빚과 절망뿐이었다.

하지만 마을 주민들은 낙심만 하고 있을 수는 없었다. 그들은 그 일을 교훈삼아 위험을 분산시키는 방법을 시도해 보기로 했다. 그들은 목화에만 의존하지 않고 다양한 농작물을 재배하기로 결정했다.

하지만 그것도 쉬운 일은 아니었다. 주민들 모두가 빚을 지고 있었고 작물을 수확할 수 있을 때까지 생활비는 물론이고 씨앗이나 장비 등을 구입할 자금도 필요했다. 그럼에도 마을 주민들은 겨우겨우 돈을 모금해서 간신히 계획을 실천에 옮길 수 있었다. 그 결과 그 다음 해부터는 목화가 흉작이 들거나 시장이 얼어붙어도 다른 작물의 수익으로 손해를 보는 일이 없게

The Secret of the Ages

되었다. 그래서 해충이 전화위복의 기회를 주었다고 생각한 주민들은 세상에서 보기 드문 기념비를 세운 것이다.

어떤 남성의 예를 보자. 그는 다섯 살 때 분수에 빠져 목숨을 잃을 뻔했다. 지나가던 어떤 노동자가 익사 직전의 그를 구했는데, 그때 폐에 물이 차서 천식이 발병했고 그 증상은 성장할수록 심해졌다. 또래 아이들과 뛰놀지도 못했고 계단조차 잘 올라갈 수 없었다. 의사도 거의 포기할 정도였다. 그래서 그는 유일한 취미로 책을 가까이 하게 되었다. 그는 처음에는 그저 평범한 소년들이 좋아하는 책을 읽었지만, 시간이 지날수록 링컨, 에디슨, 카네기, 포드처럼 어린 시절에 이렇다 할 재주도 없고 지독히 가난한 삶을 살다가 자신의 의지와 결심만으로 크게 성공한 위인들의 전기를 탐독하게 되었다.

마침내 세월이 흐르면서 그는 천식을 이겨냈다. 하지만 그런 어려움을 극복한 이야기는 차치하고, 여기서 강조하고 싶은 사실은 그가 17살이 될 때까지 책을 통해 많은 즐거움과 깨달음을 얻었다는 점이다. 그는 위인들의 이야기를 읽으면서 성공의 기본 원칙들을 깨치면서 야망을 키워 나갔다. 그리고 마침내 성공한 사업가로서 건강하고 활동적인 삶을 살게 되었다.

예전에 뉴욕의 한 유명한 정신과 의사는 이렇게 말했다.

시도를 두려워하지 않는다면, 유전적인 것이든 환경에 의한 것이든 극복하지 못할 핸디캡은 없다. 또한 유전적 혹은 환경적인 어떤 상황도 당신을 계속해서 불행하게 만들 수는 없다. 행복과 성공을 찾으려는 사람에게는 그 어떤 상황도 걸림돌이 되지 않는다.

굳은 결심을 한 사람에게는 나이, 가난, 질병 등이 장애물이 아니라 오히려 성공을 위한 발판이 된다. 당신이 한계를 만들지 않으면 한계는 없다. 생각을 장벽으로 둘러쌓을 수는 없다. 아이디어를 가둘 수는 없다. 에너지와 열정과 야심을 차단할 수는 없다. 이것이 바로 사람과 동물의 차이점이다.

해야 할 일을 미루지 마라

성공할 능력이 있는 사람들이 실패하는 원인 중의 하나가 해야 할 일을 미루기 때문이다. 이 세상에서 성취될 모든 일은 오늘 이루어지고 있는 것이다. 내일은 아무 일도 일어나지 않는다. 당신이 원하는 바, 당신이 꿈꾸는 성공은 지금 당신이 취하는 행동에 의해 결정된다.

무슨 일이든 꾸물거리거나 미루는 사람은 앞으로도 시간이

The Secret of the Ages

넉넉하다고 착각한다. 그리고는 행동의 시기를 자꾸 늦춘다. 중요한 일을 하는 게 두려워서 혹은 귀찮아서 다음에 해야겠다고 생각한다. 충분한 증거를 모으거나 분석하는 노력 없이 문제를 해결하려고 한다.

현명한 사람은 빈틈없이 계획을 짜고 그것을 충실히 따른다. 일의 목록을 만들고 오늘 해야 할 일은 오늘 안에 끝낸다. 일정에 맞추기 위해 명확한 결정을 내린다. 항상 시간을 소중히 여기면서 어떤 행동을 취하기 전에 미리미리 준비한다. 지금부터 해야 일을 완벽히 이해하고 있기 때문에 자신감을 가지고 착수한다. 당신도 지금부터 일과 행동을 미루지 말라. 다음은 당신이 일하면서 지켜야 할 행동지침이다. 지금 바로 실천해 보라.

1. 일상적인 업무 계획표를 짠다.
2. 일상적인 업무 외에 해야 할 일이나 하고 싶은 일을 적어 놓고 그것을 실행할 시간을 분명하게 정한다.
3. 어떤 일을 해야 할지 말아야 할지 정하지 못했다면 한번 곰곰이 생각해 본다. 그러고 나서 결정을 내린다. 하지 않기로 했다면 깨끗이 잊어버리고, 하기로 했다면 실행할 시기를 확실히 정한다.
4. 일을 처리할 때는 한 번에 한 가지 사안에만 집중한다.
5. 미루는 이유가 실패에 대한 두려움 때문이라면 그것을 과

감히 떨쳐버린다. 당신이 원하는 바를 실행에 옮기면 성공할 수도 있고 실패할 수도 있지만, 실행하지 않으면 그 자체가 실패임을 상기한다.
6. 난관에 봉착했을 때 미루는 경향이 있다면, 문제를 분석해서 몇 가지로 나누고 한 번에 하나씩 해결해 본다.

다음 질문들에 스스로 대답해 보고 자신의 문제들을 고치도록 하자.

1. 해야 한다는 것을 알면서도 아직 실천하지 않은 일이 있는가?
2. 지금 당장 그것을 하지 않는 이유는 무엇인가?
3. 일상적인 업무 계획표를 짜서 그것을 지키고 있는가?
4. 시간에 맞춰 해낼 수 없을 정도로 계획을 무리하게 짜지 않았는가?
5. 약속 시간을 정하면 항상 시간을 맞추지 못하는가?
6. 어떤 식으로 해야 할지 몰라서 시간을 헛되이 보내지는 않는가?
7. 중대한 문제를 해결하지 못하는 사이에 사소한 문제가 쌓이는 것을 방치해 두고 있지는 않은가?
8. 하지 않겠다고 마음을 먹은 일에 대해 생각하느라 시간을

The Secret of the Ages

낭비하고 있지는 않은가?
9. 분석을 소홀히 했기 때문에 해결하기 어려운 사안을 자꾸 미루고 있지는 않은가?
10. 결정을 내리거나 실행하는 것 자체가 두려워서 중요한 사안을 미루고 있지는 않은가?

눈앞에 걸쳐 있는 우유부단이라는 그물을 과감히 돌파하라. '이걸 할까, 하지 말까?', '이렇게 할까, 저렇게 할까?' 하는 질문을 던져야 할 때 우유부단은 당신의 최대 적이다. 과감히 결정을 내리고 행동으로 옮겨라. 그러면 기회가 찾아온다.

포기라는 단어를 기억에서 지워라

때는 미국의 독립전쟁 당시 영국의 동부 해안. 고요한 달빛이 잔잔한 바다를 비추고 있는 가운데 포연이 자욱하다. 바다에 떠 있는 배 한 척이 돛이 거의 다 찢어지고 돛대는 톱니 모양으로 박살났으며 선체는 부서져서 수면에 잠길 지경이다. 배의 선장은 미국 해군의 영웅 존 폴 존스John Paul Jones. 그가 지휘하는 본옴리처드Bon Homme Richard 호는 영국의 프리깃 함 세라피스Serapis 호의 공격을 받아 거의 침몰 직전에 있다. 만일 가라앉기 직전인 자신의 배가 망망대해에 홀로 떠 있었다면 존스 선장은 당장 배의 포기를 결정했을 것이다. 하지만 지금 그 앞에는 상대해야 할 적이 있었다.

한편 영국 배의 선장은 적의 갑작스런 침묵을 의아해한다. 적이 항복을 결정했다면 깃발을 내려야 한다. 하지만 뿌연 포연이 앞을 가려 확인이 되지 않는다. 선장은 이렇게 외쳤다.

"깃발을 내린 것인가?"

그러자 침몰 직전인 그 배로부터 존 선장의 이런 대답이 들려왔다.

"나는 아직 싸움을 시작하지도 않았다!"

결코 패배를 인정할 수 없었던 존 선장은 새로운 공격 방안을 세웠다. 배가 가라앉고 있기 때문에 유일한 방법은 적의 배로 올라가서 싸우는 수밖에 없었다. 그는 가라앉는 배를 적의 배에 바싹 붙이도록 명했다. 병사들은 여러 차례 실패를 거듭한 끝에 마침내 본옴리처드 호의 닻을 세라피스 호에 늘어져 있는 쇠사슬에 걸 수가 있었다. 그러고 나서 순식간에 그의 병사들은 적의 갑판에 올라가 죽기를 각오하고 싸웠고, 마침내 배를 탈취하는 데 성공했다. 그리고 자신들의 배가 서서히 가라앉는 것을 지켜보며 승리를 만끽했다.

당신은 당신이 생각하는 것보다 훨씬 강한 끈기와 인내심을

The Secret of the Ages

가지고 있다. 다만 그것을 제대로 사용하지 못하고 있을 뿐이다. 인내심은 인간이 살아가려는 의지의 표현이다. 우리는 인내심을 자유와 성공에 이르는 길을 개척하는 방향으로 쓸 수도 있고, 난관이나 문제로부터 도망치는 방향으로 쓸 수도 있다.

인내에는 지성이 뒷받침되어야 한다. 처음에 성공하지 못하면 몇 번이고 다시 시도를 해야 한다. 단, 그때마다 다른 방법을 써야 한다. 끈기 있게 시도했음에도 소용이 없었다고 주장하는 사람들이 실패했던 근본적인 이유는, 전보다 더 나은 방법을 찾으려 하지 않고 기존의 방법을 고집했기 때문이다.

영리하지만 쉽게 포기하는 사람과 아주 평범한 지성을 지녔지만 매우 끈기 있는 사람이 있다면 후자가 성공할 가능성이 훨씬 크다. 과학, 예술, 비즈니스뿐 아니라 어떤 분야에서도 마찬가지다. 우리에게는 행운과 불운이 똑같은 함량으로 주어져 있다. 불운을 끈기 있게 헤치고 나아가는 사람은 반드시 행운을 잡게 된다.

당신의 심장이 정상적으로 뛰고 있다면 당신은 매우 강한 인내심을 가지고 있다. 당신은 어떤 방향으로 끈기 있게 나아가고 있는가? 당신은 과연 올바른 방향으로 인내심을 사용하고 있는가? 다음 질문들에 대답해 보면서 올바른 방향으로 인내심을 사용하는 데 있어 자신에게 부족한 점을 체크해 보라.

1. 지금까지의 인생을 돌이켜 볼 때, 끈질긴 의지가 있었기 때문에 바라던 바를 성취했던 적이 있는가?
2. 앞으로도 무언가에 끈기 있게 도전하면 반드시 이룰 수 있다는 논리를 충분히 납득할 수 있는가?
3. 내가 원하는 목표에 도달하기 위해 매일 해야 할 일을 끈기 있게 하고 있는가?
4. 오히려 난관으로부터 도망가기 위해서 인내심을 발휘하고 있지는 않은가?
5. 내가 하는 일에 대해 보다 풍부한 지식을 얻기 위해 끈기 있게 공부를 하고 있는가?
6. 내가 하는 일을 개선하기 위해 인내심을 가지고 연구를 하는가?

포기하지 마라. 대부분의 성공한 사람들은 자신들의 성공이 특별한 재능이나 뛰어난 지성보다는 인내심과 의지력 덕분이라고 밝히고 있다. 어떤 사람들은 이를 운이 좋았을 뿐이라며 겸손해한다. 우리에게는 행운과 불운의 몫이 똑같이 주어져 있다. 하지만 대부분의 사람들이 처음 찾아오는 불운을 벗어날 수 있는 인내심이 부족하기 때문에 그 후에 찾아오는 행운을 잡을 수 없는 것이다.

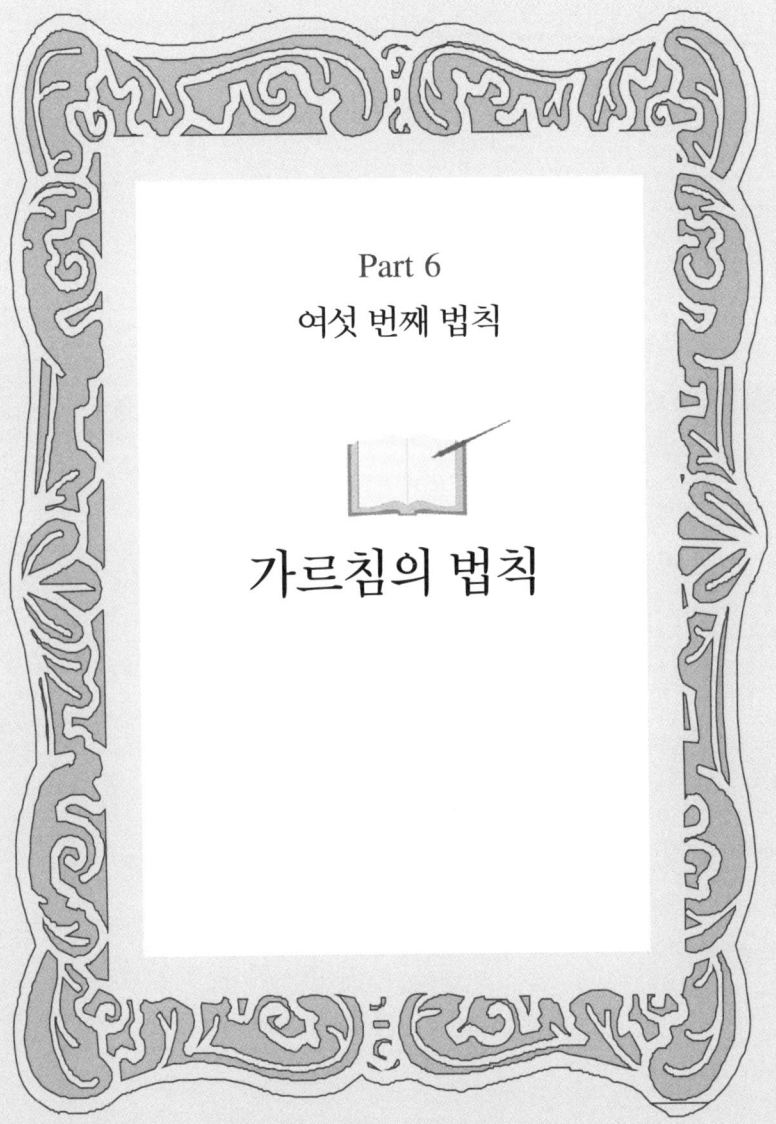

Part 6
여섯 번째 법칙

가르침의 법칙

최고의 시는 아직 쓰여지지 않았다.
최상의 집은 아직 지어지지 않았다.
최고봉은 아직 정복되지 않았다.
최대의 강에 아직 다리는 놓이지 않았다.
그러므로 두려워 말고 초조해하지도 말고
약한 마음을 먹지도 말라.
기회는 이제 막 도래하고 있다.
최고의 일은 아직 시작되지 않았다.
최고의 작품은 아직 완성되지 않았다

— 버튼 브레일리Berton Braley

제13장

억만장자로 가는 길

부의 법칙

　현재 당신이 큰 부자가 될 가능성은 어느 정도나 될까? 정당한 방법으로 일정한 법칙을 활용한다면 그 가능성은 아주 높다. 높은 세금과 심한 경쟁, 그리고 각 분야에서 이미 성공한 기업들이 있음에도 불구하고 당신이 사업가로서 크게 성공할 기회는 여전히 충분하다. 과거의 억만장자들은 굴뚝산업을 통해 부를 축적했지만, 요즘 성공하는 이들은 보다 새로운 과학기술과 서비스, 그리고 신종 분야에서 두각을 나타내고 있다.

　그들의 성공비결은 무엇일까? 오래 전 모 잡지는 억만장자들과 인터뷰를 한 후 '미국의 신흥 부호'라는 제목으로 다음과

The Secret of the Ages

같이 그들의 성공비결을 실었다.

1. 돈을 벌기 위해 돈을 이용한다. 자금을 빌어 사업을 일으키거나 자산을 늘리는 것을 말한다. 자산이 늘어나면 담보가치가 높아지고 그로 인해 더 많은 돈을 빌 수 있어 사업을 확장할 수 있다는 간단한 논리다.
2. 독창적인 아이디어에 승부를 건다. 사람들의 공통된 요구나 필요 사항을 찾아내어 그것을 충족시킬 방안을 찾는다. 지퍼, 면도날, 클립, 포스트잇 등과 같은 간단한 아이디어로 부자가 된 사람들이 의외로 많다. 창의적인 기업가라면 보다 새롭고 경제적인 것을 찾아낸다. 그들은 끊임없이 아이디어를 내놓고 그것을 실행할 인내와 대담성을 가지고 있다. 가끔씩 실수를 할 때도 있지만 오뚜이처럼 다시 일어서곤 한다.
3. 우수한 인재를 고용하지만 결단은 혼자서 내린다. 억만장자들은 자신을 위해 일하는 사람들도 부자로 만들어 주지만 남에게 지시를 받지 않는다. 순간적인 결정을 내려야 할 때가 많지만 자신이 소신껏 판단해서 강한 추진력을 발휘한다.
4. 돈을 충분히 벌 때까지 함부로 쓰지 않는다. 그들은 대부분 소박한 집에 살며, 사생활에 드는 비용을 최대한 아낀

다. 큰돈을 쓸 때는 오로지 더 많은 돈을 벌기 위해서이다. 그들의 대부분은 30대 후반이 될 때까지 결혼하지 않았으며, 결혼할 때는 자신이 하는 일을 이해해 주고 결혼 생활에 좀 소홀히 하더라도 견뎌 주는 배우자를 택했다.

다음은 예전에 《타임TIME》지에 실린 기사의 발췌문이다.

    오늘날 억만장자들의 공통점은 무엇일까? 그들이 늘 독단적이기만 한 것은 아니다. 하지만 그들은 다른 사람들에게 영향을 미쳐 자신의 아이디어나 제안을 따르게 하는 방법을 알고 있다. 그들은 조직자이면서 창조자이다. 가령 자신이 만들어 놓은 것이 파괴되어도 또 다시 더 훌륭한 것을 만들어낸다. 창조적 에너지를 발휘하는 것이 그들의 사명처럼 보인다.
    억만장자들은 돈이나 물건에 얽매여 있지는 않다. 그들에게 돈은 어디까지나 카드나 체스 말에 지나지 않는다. 그들에게는 게임 그 자체가 중요한 것이다. 그들은 야심만만하고 의지력이 있고 독립적이며 대담하고 열성적이고 당당하며 긍정적이고 활동적이다. 그들은 재산을 모으겠다는 확고한 목적을 갖고 매진하여 그것을 이루어냈다. 그들이 부자가 되면서 우리의 삶도 국가도 더욱 풍요로워졌다. 우리의 삶이 윤택해지는 것은 그들이 있기 때문이다.

The Secret of the Ages

거대한 기회는 항상 온다

비즈니스, 기술, 경제, 정치, 과학 등의 분야에서는 시시각각 변화가 일어나고 있기 때문에 그만큼 기회도 많다. 하지만 그 기회는 알맞은 시기에 알맞은 곳에 있는 사람에게 굴러들어간다. 매일 쉴 새 없이 새로운 트렌드가 형성되면서 누군가는 부자가 되고 있다.

가령 여성들은 늘 새로운 서비스, 패션, 재미 등을 추구한다. 가전제품이 날로 발전하면서 점차 많은 여성들이 단조로운 가사노동에서 해방되었고, 가족 단위로 외식을 하거나 여행할 기회가 더욱 늘어났다. 또한 고령인구의 비율도 점차 높아지고 있다. 반면에 젊은 세대의 문화는 보다 다양하고 창조적인 문화와 상품을 요구하고 있다. 이런 변화 속에 기회가 있다.

억만장자들은 문제가 있는 곳에서 기회를 찾아낸다. 만약 많은 사람들이 고민하는 문제에 대한 해결 방법을 찾아낸다면 엄청난 부를 거머쥘 수 있다. 그리고 그런 문제는 어디에든 항상 존재하기 마련이다.

누구든지 마음속에는 풍요와 안락을 누리고 싶다는 욕망이 잠재되어 있다. 그리고 백만 달러 혹은 천만 달러, 아니 그 이상을 벌고 싶은 욕망도 있다. 신의 계획엔 결핍도 없고 한계라는 것도 없다. 그것들은 오직 우리 마음속에만 존재할 뿐이다.

만약 당신이 오늘 먹을 양식과 최소한의 생필품을 살 돈만 버는 것으로 만족한다면 어쩔 수 없는 일이다. 하지만 큰 부자가 되고 싶고 정당한 방법으로 재물을 얻을 수 있다고 확신한다면 신은 분명 당신 편이 되어 줄 것이다.

이 책에 적혀 있는 내용과 모든 단계를 충실히 따르면 당신은 분명히 목적을 달성할 수 있다. 바라는 것을 얻을 때까지는 멈추거나 망설여서는 안 된다. 지금 당장 시작하라. 내일까지 기다리지 마라. 미루는 것은 시간 낭비일 뿐이다.

자신의 성공에 대해 의심을 품어서도 안 된다. 그러면 공든 탑을 무너뜨리는 결과를 초래할 것이다. 용기를 갖고 자신을 믿으면 반드시 성공할 수 있다. 위대한 마음의 힘은 실패하지 않기에 당신도 결코 실패할 수 없다. 당신은 한계가 없는 이 엄청난 힘을 이용해야 한다. 그 힘에 대한 의심의 목소리가 당신을 유혹할 수 있지만, 그것에 귀를 기울여서는 안 된다. 그 목소리는 당신의 진보를 방해하고 당신의 노력을 무용지물로 만들 뿐이다.

이 세상에서는 마음의 힘을 믿고 자신의 원대한 계획이 꼭 달성된다는 확신을 가졌던 수만 명의 사람들만이 큰 부자가 될 수 있었다. 당신도 그 일원이라고 생각하라. 원하는 만큼 부를 얻은 당신의 모습을 마음속에 그려 보라. 그리고 그 부로 할 수 있는 온갖 멋진 일들을 상상한다면 의심의 목소리는 사라질 것이다. 마음을 항상 긍정적인 사고로 채워 두어야 한다.

바깥 세상에는 당신을 빈곤의 구렁텅이에서 부의 정상까지 한 번에 들어올려 줄 요술지팡이는 없다. 모든 일은 때를 기다려야 한다. 당신의 욕망을 순식간에 만족시킬 수는 없다. 당신의 신이 혹은 당신의 마음이 그 방법을 알고 있고 가야할 길을 열어줄 것이다.

바라는 것을 얻으려면 어떤 형태로든 대가를 지불해야 한다. 음식이나 옷 등을 살 때 값을 치르듯이 부나 건강을 얻고자 할 때도 그에 상응하는 대가를 치러야 한다. 소망을 성취하기 위해 치르는 대가는 돈이 아니라 인내, 끈기, 성실, 정직, 집중, 용기, 믿음, 결의 등을 말한다.

창조력은 신이 우리에게 준 근사한 선물이며, 우리는 그 힘으로 모든 소원과 꿈을 이루어낼 수 있다. 따라서 항상 긍정적으로 생활하고 건설적인 사고를 지니며 용기와 신념을 잃지 말아야 한다.

성취를 위한 집중력을 키워라

목표를 실현하려면 인내와 끈기를 길러야 한다. 이는 성공을 위한 필수 요소이다. 장애물이 있거나 예기치 않은 상황 때문에 실패했다면, 장애물이 제거되고 상황이 변할 때까지 끊임없이 시도하고 도전해야 한다. 그러기 위해선 인내가 필요하다. 에디슨은 전구를 발명할 때까지 수천 번이나 실패를 거듭했다. 어떤 성공이든 그 이면에는 수많은 실패가 있었다.

마음에 품은 욕망은 크고 강해야 한다. 단지 막연한 바람이나 동경만으로는 충분치 않다. 바라는 것을 어떻게든 성취하고 싶다는 강렬한 욕망을 가져야 하며, 그것을 이미 얻었다고 상상해야 한다. 세상의 많은 사람들은 아직 얻지 못한 것을 얻었다고 상상하는 것을 터무니없는 짓이라고 여길지 모른다. 하지만 이런 상상은 결코 망상이 아니다. 마음의 창조력은 이미 바라는 것을 성취했다는 당신의 상상을 받아들여 그것을 실현시켜 준다. 이에 대해 추호도 의심하지 말고 언제 어디서나 진실로 받아들여라.

욕망이 있다면 그 대상에 집중해야 한다. 그리고 집중력을 키우기 위해 마음을 훈련시켜야 한다. 보통 사람들은 마음이 한 대상에서 다른 대상으로 정처없이 표류하도록 내버려 둔다. 가령 일요일 아침에 당신은 신에게 기도를 하면서 월요일에 해야 할 일이나 다음 주에 출장 갈 일에 대해 생각한다. 혹은 다음 달에 있을 동창회나 파티에 초대할 손님들에 대한 생각에 잠긴다. 이런 습관을 반드시 근절해야 한다. 만약 당신이 영업사원이라면 고객에게 상품을 설명하면서 2주 전에 성공시킨

The Secret of the Ages

판매 사례를 떠올리거나, 다음 약속에 늦을까봐 초조해하지 말아야 한다는 뜻이다. 지금 이야기를 나누고 있는 고객과 상품에만 마음을 집중해야 하는 것이다. 한 번에 한 가지 주제나 사안에만 집중하는 습관을 가져라. 부를 쌓는 게 당신의 목적이라면 그 대상에 온 마음을 집중해야 한다.

우리가 신이 준 가장 소중한 선물인 마음의 창조력이 얼마나 중요한가를 확실히 이해하고 이용한다면 완벽한 건강과 마음의 평화, 그리고 부를 얻을 수 있을 수 있다고 나는 확신한다. 원하는 게 무엇이든 그 실현을 위해 집중하고 끝까지 포기하지 않는다면 반드시 보답이 있을 것이다.

제14장

성공하는 사람들의 사소한 습관

날마다 다음날의 계획을 세운다

　의지력과 자제력이 없는 사람은 지휘관 없는 오합지졸의 군대와 같다. 지휘관은 매일같이 계획을 짜서 병사들에게 그것을 따르도록 지시함으로써 전투력을 강화시킨다. 비즈니스맨, 자영업자, 전업주부 등 어떤 직종 어떤 직위를 가졌건 간에 계획을 세워서 그것을 실천해야 한다. 계획이 없으면 사소한 일에 대한 걱정이나 별로 중요하지 않은 일을 결정하느라 시간을 지나치게 낭비할 우려가 있기 때문이다. 그러면 망설이다가 아무것도 제대로 하지 못하게 된다.
　매일 반복되는 일에 대한 계획을 미리 세워두면, 일상사에

The Secret of the Ages

의해 생기는 고민이나 결정이 대폭 줄어들게 된다. 그러면 깊은 생각이 필요한 문제에 더 많은 시간과 노력을 집중할 수 있다. 또한 절박한 상황이나 예기치 않은 난관에 부딪혔을 때도 특별한 의지력을 발휘할 필요 없이 페이스를 잃지 않고 대처할 수 있다. 직장에서 항상 계획을 세우는 사람과 그렇지 않은 사람과의 대화를 들어 보자. 무슨 일이든 미루기만 하는 A가 동료인 B에게 이렇게 묻는다.

"뭔데 그렇게 기를 쓰고 일하나? 피곤한데 술이나 한 잔 하자고."

그러자 계획을 세우는 것을 생활화하고 있는 B가 이렇게 말한다.

"잠깐만. 내일 계획을 좀 짜고 있어. 이것부터 끝내고."

그러자 A는 이렇게 변명을 늘어놓는다.

"나도 해야 하는데 아무래도 피곤해서 안 되겠어. 오늘 무척 바빴거든. 하루쯤 안 한다고 어떻게 되겠어? 난 내일 아침에 맑은 정신으로 해야겠다."

B는 이렇게 충고한다.

"그러면 밤새도록 걱정이 되지 않겠나? 자네는 무슨 일이든 항상 미루는 게 문제야. 할 일을 자꾸 그렇게 미루면 기분이 찜찜하지 않나? 그리고 영화를 볼 때도 난 느긋하게 볼 수 있지만 자네는 계속해서 뭔가 언짢은 느낌을 가지게 될 텐데. 그리고 잘 때도 일을 끝내지 않았기 때문에 기분이 좋지 않을 거야. 아침에 일어나서도 마음이 무겁고. 어차피 해야 할 일인데 왜 당장 하지 않나? 핑계만 늘어놓지 말고 해야 할 일은 바로바로 하는 습관을 가지는 게 좋아."

당신은 어떤 유형의 사람인지 생각해 보라. 날마다 다음날의 일과를 미리 계획해 두면 다음과 같은 이점이 있다.

1. 신뢰감: 직장 동료나 상사, 그리고 고객에게 당신은 약속했거나 마음먹은 일을 반드시 실천하는 사람으로 인정을 받는다.
2. 규칙적인 습관: 시간에 맞춰 일을 규칙적으로 하게 된다. 이는 당신 자신뿐 아니라 회사를 위해서도 매우 바람직하다.
3. 일의 용이성: 날마다 계획을 세워 실천하는 일은 집을 구입하는 것과 같다. 집을 사기 위해서는 많은 노력과 자금이 필요하다. 하지만 일단 구입한 후에는 비용이 많이 들지 않는다. 마찬가지로 날마다 계획을 짜는 일이 습관화되면, 그것을 지키는 데 그리 많은 노력이 들지 않는다.
4. 시간 활용: 불필요한 결정이나 쓸 데 없는 일에 낭비했던 시간을 보다 중요한 문제에 집중하는 데 쓸 수 있다.
5. 생산성 증가: 위에서 말한 이점들로 인해 일의 능률이 오르고 보다 여유롭게 생활할 수 있다.

일의 계획을 세우는 습관을 들이려면 다음과 같은 과정이 필요하다.

1. 분석한다: 매일 내가 반복적으로 하는 일에 어떤 것들이 있는지 체크해 본다.
2. 계획한다: 그런 일상적인 일들의 순서를 정하고 각기 효율적인 방법을 생각해 본다.
3. 결심한다: 그 계획을 실천하겠다는 결심을 한다. 그리고 결심이 작심삼일이 되지 않도록 강한 의지력을 다진다.

새로운 습관에 익숙해지려면 강한 의지력이 필요하다. 바퀴는 처음 회전할 때는 강한 동력이 필요하지만 일단 속도가 붙으면 그 후에는 큰 힘이 필요하지 않다. 마찬가지로 하루하루의 계획을 충실히 따르다 보면, 짧은 시간 안에 더 많은 일을 할 수 있게 되므로 일이 즐거워지며 여가시간이 늘어나게 된다. 즉, 더욱 행복하게 살 수 있는 것이다. 이런 습관을 익히는데 한 가지 명심해야 할 원칙은 일단 계획을 세우면 예외 없이 그것을 철저히 지켜나가야 한다는 점이다. 다음과 같은 질문에 긍정적으로 대답할 수 있도록 생활습관을 바꿔 보기 바란다.

1. 매일 기상 시각과 취침 시각이 정해져 있는가?

2. 매일 밤 하루 일과를 분석할 시간을 가지고 있는가? 이는 오늘의 실수를 반성하고, 앞으로 그런 실수를 되풀이하지 않을 방안을 생각해 보는 일이다.
3. 귀중한 시간을 쓸 데 없이 낭비하지 않도록 내일 할 일의 계획을 세우고 있는가?
4. 하루 할 일의 분량을 정해 놓고 있는가? 아일랜드의 저명한 극작가 조지 버나드 쇼George Bernard Shaw는 9년 동안 매일 다섯 쪽 분량의 글을 쓰는 것을 규칙으로 삼았고, 마침내 극작가로서 대성공을 거두었다.
5. 하루에 끝내야 할 모든 일을 완수할 때까지 놀거나 쉬지 않겠다는 마음가짐을 가지고 있는가?

좋은 책을 스승으로 삼는다

자기계발에 관한 책은 인생의 시련을 견뎌내고 일상생활에서 직면하는 다양한 문제에 대처할 수 있도록 도움을 준다. 나는 종종 감동적인 책을 찾아내어 미국뿐 아니라 전 세계 30만 명 이상의 여러 나라 사람들에게 소개하면서 큰 기쁨을 느낀다. 내가 소개한 책을 읽은 많은 사람들은 큰 깨달음을 얻었다면서 감사의 편지를 보내 준다. 편지에는 부자가 될 수 있는 길

The Secret of the Ages

을 찾았다거나 집을 살 수 있었다거나 병을 치유했다거나 사랑을 찾았다거나 인간관계가 개선되었다는 내용이 담겨 있다.

우리는 공적이든 사적이든 처음 누군가를 사귈 때, 대개 그 사람의 됨됨이를 말씨나 말투로 판단한다. 그리고 많은 경우에 그런 만남은 새로운 기회나 출세로 이어지기도 한다. 따라서 정확하게 생각하고 멋지게 말하는 법을 배울 필요가 있다. 미국의 제16대 대통령 링컨은 자신의 생각을 말로 능숙하게 표현하는 법을 배워 대통령이 되었다. 그는 학교를 불과 1년 정도밖에 다니지 않았지만 다양한 고전문학을 삶의 양식으로 삼았다. 그는 로버트 번즈Robert Burns, 로버트 브라우닝Robert Browning, 조지 고든 바이런George Gordon Byron 등 유명 시인들의 시를 줄줄 암송했다고 한다.

링컨은 한때 이런 글을 적었다.

"나는 셰익스피어의 작품을 누구 못지않게 읽고 또 읽었다. 《리어왕King Lear》, 《리처드 3세Richard Ⅲ》, 《헨리 8세Henry Ⅷ》, 《햄릿Hamlet》, 그리고 《맥베스Macbeth》 등을 모두 독파했다. 그 중 《맥베스》는 내게 가장 큰 감명을 주었다."

링컨은 게티스버그에서 인류 역사상 가장 멋진 연설을 했다. 혼자서 열심히 읽고 공부한 날들이 역사상 명연설로 열매를 맺었고 오늘날까지 많은 사람들의 기억에 남게 된 것이다.

19세기 영국의 수상 윌리엄 글래드스턴William Gladstone은 자신의 서재를 일컬어 '평화의 전당'이라고 했다. 서재에 1만 5천 여권의 책을 소장하고 있었던 그는 성 아우구스티누스, 비숍 버틀러, 단테, 아리스토텔레스, 호머 등의 작품들이 삶의 양식이 되었다고 밝혔다. 특히 《일리아드Iliad》와 《오디세이Odyssey》는 그를 가장 매료시킨 작품이다. 그는 호머 시대와 작품에 관해 6권의 책을 쓰기도 했다.

이처럼 역사상 모든 위대한 인물들은 대부분 책을 통해 배우고 쌓아서 위대한 위업을 이루었다. 당신이 그들을 본받고 싶다면 명작과 친해지기 바란다. 책을 읽다가 낯선 용어가 나오면 사전을 찾아 보라. 그리고 그 용어의 유래와 역사를 배워라. 당신은 책을 통해 명쾌하게 말하는 법을 배울 수 있다. 진부하고 두서없이 말하기보다는 논리적이고 분명하게 말하는 법을 배울 수 있다.

미국의 두 전직 대통령 해리 트루먼Harry S. Truman과 허버트 후버Herbert Hoover는 한때 당파를 초월한 한 공동 발표문에서 독서의 가치에 대해 이렇게 밝힌 적이 있다.

사람은 죽고 책략은 바뀌며 성공이나 명성은 한 곳에 영원히 머물지 않습니다. 하지만 가장 작은 도서관조차도 인류가 경험하고 발견한 가장 위대한 모험과 지혜와 보물을 담고 있습니다.

The Secret of the Ages

남는 시간을 효과적으로 이용한다

보통 사람들은 현재 자신이 존재하는 이유가 행복한 시간을 보내기 위해서이며, 이 세상이 자신에게 모든 것을 제공할 의무가 있다고 생각한다. 자신이 세상에 어떤 기여를 할 수 있을지는 고민하지 않는다. 누구나 '내가 공짜로 얻을 수 있는 게 뭐가 있지?'라는 생각부터 하는 것 같다.

세상은 은쟁반에 모든 것을 담아 당신 코앞에 들이밀지는 않는다. 착각은 금물이다. 인생에서 중요한 것을 손에 넣으려면 엄청난 노력을 쏟아야 한다. 목표에 도달하기 위해 충분한 시간을 할애하지 못하는 사람은 목표 달성에 그만큼 열의가 없다는 뜻이다. 현명한 충고, 공들인 계획, 최선의 생각, 확실한 기술 등은 실행하지 않으면 아무런 의미가 없다.

당신에게 의욕을 불러일으키고 나아갈 방향을 제시할 수 있는 사람은 오직 당신 자신뿐이다. 좋은 책은 당신의 욕망을 성취시키기 위한 보다 간단하고 효과적인 방법을 가르쳐 줄 수 있다. 하지만 그것을 실천할 사람은 바로 당신이다. 성공의 요술 지팡이는 당신 안에 있는 것이다.

성공은 우연과 행운의 결과물이 아니다. 발명왕 토머스 에디슨도 이렇게 말했다.

"나의 업적이나 발명 중에 우연히 이루어진 것은 하나도 없다. 모든 것은 노력의 결과다."

작가이자 경영학자인 스티븐 리콕Stephen Leacock은 이런 말을 했다.

"난 운을 굳게 믿는다. 그리고 노력하면 할수록 운이 좋아진다는 사실도 믿는다."

또 '자동차 왕' 헨리 포드는 이렇게 말했다.

"사람은 누구나 자신이 생각하는 것 이상의 능력을 가지고 있다."

심리학자이자 철학자인 윌리엄 제임스William James는 이렇게 주장했다.

"사람의 본질을 생각해 보면 실제로 우리는 반쯤 잠들어 있는 상태다. 우리는 육체적이든 정신적이든 주어진 능력의 작은 부분밖에 사용하지 못하고 있다. 사람은 자신의 한계에 근접하지도 못한 채 살아가고 있다."

미국의 사업가 헨리 카이저Henry Kaiser가 말한 '성공을 위한 일곱 개의 열쇠' 중 첫 번째 열쇠는 다음과 같다.

"대부분의 사람들은 일과 독창적인 사고 면에서 자기 능력의 10분의 1정도밖에 활용하고 있지 않다. 그러므로 자신의 힘을 충분히 사용하라. 그러면 놀라운 결과가 나올 것이다."

시간을 가장 효과적으로 사용할 수 있는 방안을 생각하기 전에, 평소에 자신이 시간을 어떻게 보내고 있는지 돌이켜 보라.

The Secret of the Ages

지극히 평범한 사람은 하루 중 노동에 7~8시간을, 잠에 7시간을, 씻고 닦고 몸치장을 하는 데 1시간을, 출퇴근을 위해 1시간을, 식사하는 데 2시간을 쓰고 있다고 한다. 이는 평일에 하루 5~6시간을 자유롭게 사용할 수 있다는 뜻이 된다.

이 시간이야말로 보다 중요한 일에 쓸 수 있는 자신만의 시간이다. 많은 사람들이 이 여유 시간을 헛되이 낭비한다. 당신은 인생에서 바라는 것을 얻기 위해 이 시간을 유용하게 활용할 수 있다. 목표 달성을 위한 계획을 세우거나 공부를 하는 데 이 시간을 쓸 수 있는 것이다.

사람에게 행복과 성공은 영원한 소망이다. 하지만 소망을 이루는 방법을 깨닫는 사람은 아주 드물다. 먼저 당신 자신을 알고 자신의 위대한 힘을 이용하라. 그리고 사랑하고 봉사하며 노력하고 긍정적인 자세를 가져라. 이것이야말로 확실한 성공을 거두는 비결이다.

잘 아는 일부터 시작한다

큰 부자가 되기 위해서는 무엇보다도 열심히 일해야 한다. 부자가 되기 위한 절대적인 법칙은 없다. 하지만 부자를 꿈꾸는 사람들은 다음과 같은 기본 수칙을 명심해야 한다.

1. 목적이 무엇이든 부를 쌓는 데 가장 기본이 되는 사항은 자신이 잘 알고 이해할 수 있는 일을 해야 한다는 점이다. 처음에는 다 알지 못한다 해도 기초 지식을 완벽히 갖춘 상태에서 일을 시작해야 한다.
2. 절약해야 한다. 공적인 일에서든 사적인 일에서든 절약을 몸으로 실천해야 한다. 사업이 느리게 성장하더라도 인내심을 가져야 하며, 기회가 왔을 때는 과감히 도전하는 용기도 필요하다.
3. 많은 사업가들이 실패하는 원인 중 하나는 '9 to 5' 콤플렉스에서 벗어나지 못하는 것이다. 자신의 사업체를 운영하게 되면 샐러리맨처럼 정시에 출근하고 퇴근하는 습성을 버려야 한다. 성공하기 위해서는 시간외 근무든 주말 근무든 개의치 않고 매진해야 한다.

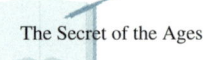
The Secret of the Ages

제15장

명심해야 할 7가지

    지금까지 당신이 이 책을 여기까지 읽어 왔다면 소원이나 꿈을 이루기 위한 자신감이 충만해졌으리라 믿는다. 세상은 사람들이 생각하는 것만큼 그리 불공평하지 않다. 불공평하다고 느끼는 것은 모든 것을 바깥세상에서만 찾으려고 하기 때문이다. 사람이 하는 모든 일과 활동의 근원이 마음이고, 당신도 위대한 마음의 제국을 소유한 제왕임을 깨닫는다면 성공 게임이 시작된 셈이다. 그리고 그 게임은 오로지 당신 자신이 승리하는 일방적인 게임이 될 것이다. 그럼 이제 당신이 그 게임에 입문하기 위한 7가지 구체적 방안을 제시해 본다.

1. 계획이 성공에 도달할 확률

 자신의 약점, 외부의 반대, 예기치 않은 상황 등 갖가지 장애물을 극복하려면 철저한 계획이 필요하다. 목표를 달성하기 위해 해야 할 일을 계획하는 것이다. 이는 소원 성취를 방해하는 요소들을 없애고 모든 힘을 집중시키는 작업이기도 하다.

 나폴레옹이 전투가 시작되기 몇 개월 전부터 전투 지도를 준비했듯이, 명확하고 상세한 계획을 세워야 한다. 대부분의 사람들은 인생의 강에서 부평초처럼 이리저리 떠도는 경향이 있다. 변덕스러운 운명의 파도에 몸을 맡기곤 한다.

 하지만 명성이든 부든 권력이든 당신의 목표를 이루기 위한 명확한 계획과 전략을 세운다면 그것에 휩쓸리는 일은 없다. 전략, 사고, 속도, 결단력 등이 당신의 무기이다. 겁을 먹거나 주저하거나 쉽게 포기해버린다면 당신 안에 있는 승리의 힘이 약해진다는 것을 잊지 말기 바란다.

 원대한 계획을 세워라. 그리고 그것을 달성하기 위해 끊임없이 전진하라. 처음에는 당신의 힘으로 실행 가능한 것부터 계획하라. 절대로 중도에 포기하지 말라. 성공을 향해 한 단계 올라섰다면 거기서 전체를 바라보라. 그러면 자신감이 생기고 힘이 솟아날 것이다. 거기에서 더 올라가라. 더 큰 일에 도전하라. 아주 높은 곳을 목표로 삼아라. 그러면 언젠가는 자신이 위

The Secret of the Ages

대한 업적이나 야망을 달성했음을 알게 될 것이다.

시인 에머슨은 이렇게 말했다.

"인생은 힘에 대한 추구이다. 세상은 힘으로 가득 차 있고 힘이 미치지 않는 곳은 없다. 그러므로 진실로 그것을 얻고자 한다면 반드시 보답을 받는다."

여기서 '힘'이란 목적을 달성하기 위해 사용할 수 있는 무형의 영향력이나 수단을 말한다. 당신이 사용할 수 있는 강력한 힘은 바로 당신 안에 존재하며 당신이 사용해 주기만을 기다리고 있다.

흔히 사람들이 말하는 '운명의 장난'이란 자신들의 어리석고 바보 같은 행동을 가리키는 것이다. 인생이란 기나긴 전투와도 같다. 한 걸음씩 내디딜 때마다 싸워 나가야 한다. 폭풍이 불거나 먹구름이 끼는 조짐만 보여도 마음 약한 사람은 겁을 먹고 걱정을 하기 시작한다.

'절대 포기하지 않는다'는 말을 좌우명으로 삼아라. '하늘이 무너져도 솟아날 구멍이 있다'는 말을 명심하라. 위기에 직면해 있는데 가능성이 조금이라도 남아 있다면, 걱정부터 앞세우지 말고 끈질기게 버텨 보라. 타고난 인간의 나약함에 굴복하지 않도록 결의를 다져라. 인생의 성공 확률은 그렇게 해서 상승하는 것이다.

2. 창조적 아이디어의 근원

석기시대부터 현대에 이르기까지 모든 분야에서 진보를 가능하게 한 것은 아이디어다. 누군가가 이렇게 말했다.

세상에서 가장 강력하고 혁명적인 것은 아이디어다.
아이디어는 힘이다.
아이디어는 세상을 지배한다.
아이디어는 우주를 완성시켰다.

단 하나의 아이디어, 순간적인 생각의 번뜩임이 수백 만 달러의 가치가 있을지도 모른다. 당신의 훈련된 마음은 중대한 계획을 한순간에 도약시킬 수 있다. 당신 머릿속에 있는 기막힌 아이디어는 빛을 볼 날을 기다리고 있다.

아이디어로 세상은 발달한다. 에디슨의 아이디어 하나가 인간에게 백열등을 가져다 주었다. 카네기도 아이디어 하나로 철강업계의 억만장자가 되었다.

아이디어에 숨어 있는 것은 창조력이다. 아이디어는 인류의 풍부한 지성의 토양에 열리는 정신의 열매이다.

당신의 뇌는 수십 억 개 이상의 아이디어를 창출해낼 능력이 있다. 당신의 뇌 세포에 숨어 있는 수많은 아이디어 중 당신은

The Secret of the Ages

몇 개의 아이디어를 끌어낼 수 있는가?

당신은 강력한 생각을 창조해내고 있는가?

당신의 뇌에서는 정전기 불꽃이 튀듯이 실현 가능한 아이디어가 샘솟고 있는가?

당신의 삶은 아이디어를 통해 더 나아지고 있는가?

사람의 뇌 세포 중 90% 이상이 사용되지 않고 있다. 누구든지 어마어마한 잠재력을 갖고 있지만 결코 그것을 깨닫지도 못하고 실현시키지도 못하고 있다. 왜 그럴까? 그것은 마음속의 보물을 찾으려 하지 않기 때문이다. 대부분의 사람들은 이 세상에 태어나서 죽을 때까지 자신의 뇌에 방대한 다이아몬드 광맥이 묻혀 있다는 사실을 알아채지 못한다. 에머슨은 이렇게 외쳤다.

"대체 사람의 마음속에는 얼마나 막강한 힘이 잠재해 있는 것일까!"

1810년 자그마한 체구의 한 남자가 기막힌 아이디어로 세계 정상에 우뚝 섰다. 그는 각국의 왕들을 쫓아내고 유럽의 지도를 바꾸어 놓았다. 그가 바로 나폴레옹이다. 나폴레옹은 자신이 구상한 전략을 과감히 펼쳤기에 세상을 지배할 수 있었다. 그것이 '아이디어의 힘'이다.

역사 속의 모든 위인들과 지배자들, 그리고 대기업가들은 아이디어의 힘을 자유자재로 사용한 사람들이다. 그들은 단지 자신들의 뇌가 만들어낸 아이디어를 사용했을 뿐이다. 그렇다면 당신 뇌 속에 잠자고 있는 수십억 개의 아이디어의 문을 열려면 어떻게 해야 할까?

우선 아이디어가 어디서 어떻게 만들어지는가를 알아야 한다. 그리고 더 우수하고 더 많은 아이디어를 만들어내기 위한 방법을 익혀야 한다. 두뇌의 기능을 알고 그것에서 더 큰 가치를 끌어내는 데 능숙해져야 한다. 아이디어의 힘을 사용하는 법을 배워야 한다.

3. 현재의 자신 뛰어넘기

'나는 언제나 나 자신을 능가한다'는 의식을 가져라. 현재의 행동과 생각이 이전의 것보다 더 훌륭해지도록 노력하라. 그리고 현재의 '나'는 이렇지만 한 시간 후에는 더 큰 '나'가 되겠다고 결심하라. 모든 면에서 나 자신을 초월하기 위해 지금부터 최선의 노력을 다하라.

자신을 뛰어넘는 일을 첫 번째 목적으로 삼아야 하며 남을 능가하는 일은 그 다음이다. 당신의 최대 능력을 상징하는 원이 있다고 생각해 보자. 그러면 내일의 원은 오늘 그린 것보다 더 커야 한다. 당신은 자신을 초월해야 한다.

The Secret of the Ages

어떤 유명한 작가는 '누구든지 자신에게 복종하지 못하면 결국 타인의 지배를 받는다'고 말했다. 자신의 마음을 따를 수 없는 사람, 따르려고 하지 않는 사람은 남에게 지배당하고 인생에서 패배자가 된다. 그들은 자신의 마음과 약속한 것을 행동으로 옮기지 않는다. 마음이 정한 노선에서 이탈해버린다. 지배당하지 않고 지배하기 위해서는 우선 자신의 마음을 믿고 따라야 한다.

지금 이 순간부터 스스로를 현재의 자신보다 10배나 더 위대한 사람이라고 생각하고 행동해 보라. 그러면 마음속에 더욱 큰 힘이 생기고 머지않아 실제로 그런 사람이 되어 간다. '한계'라는 단어를 마음속에서 추방하라.

4. 발걸음의 속도

당신도 나도 '순간의 설계자'이다. 우리는 매 순간 우리 자신을 만들어 간다. 지금 이 순간 당신은 지나온 수많은 순간에 걸쳐 당신 자신이 만든 결과물이다. 지금부터 한순간 후의 당신이 어떤 존재가 될 것인가는 현재의 자신, 그리고 마음속으로 자신이 어떤 존재가 되기를 원하는가에 달려 있다. 초침이 째깍거리며 움직일 때마다 당신은 새로운 자신을 만들어내고 있는가? 자신을 변화시키고 수정하고 재창조하고 있는가?

항해사가 키를 잡고 목적지인 항구를 향해 신중하게 배를 조종해 나아가듯이, 당신도 세심한 주의를 기울이며 목표를 향해 나아가라. 명심하라, 자신이 순간의 산물임을, 그리고 매 순간은 성장, 진보, 성취, 정복, 승리의 기회임을.

모든 것은 나에게 달려 있다.
나는 매 순간을 주시하고 있다.
순간이 나를 만들어 간다.

승리에 대한 믿음은 적극적이면서 주의 깊은 마음가짐을 필요로 한다. 그런 마음만이 지금 흘러가는 순간들 속에서 신중하게 판단하고 계획해서 추진력을 발휘할 수 있기 때문이다.

잠시 동안 혼자서 이 논리에 대해 생각해 보자. 자신의 마음속 깊숙이 들여다보면 자신이 무엇을 만들어내고 있는지, 아니면 아무것도 만들어내는 것이 없는지 알 수 있다. 자신의 힘을 점차 키우고 있는지, 아니면 자신의 인생 스케일을 점점 축소시키고 있는지도 알 수 있다. 또한 계획을 세우는 데 있어 자신의 장점과 단점도 깨달을 수 있다.

당신에게 인내심이 있다면 가능성을 만들어 가는 데 한계란 없다. 물질적인 세계에서 가장 명확한 법칙 한 가지가 있다. 자연은 가장 단순한 방법, 즉 계속해서 원자를 모아서 큰 성과를 얻는다는 것이다. 거대한 혹성도 원자와 분자가 모인 것에 불과하다. 당신의 인생, 당신의 힘, 당신의 행복은 모두 순간의 총계이다. 여기에서 승리의 법칙을 이끌어내라. 영원으로 이어지는 순간의 흐름 속에서 매 순간마다 현재 당신의 저장고를 채울 수 있는 힘과 성공이 포함되어 있다. 이 승리의 법칙을 절대로 잊지 말기 바란다. 매 순간으로부터 힘을 모아라. 그러기 위해서는 마음을 집중하고 실천하는 게 중요하다.

순간의 설계자가 되기 위해 도움이 되는 방법으로 매일같이 '오늘의 정신'을 정해 두면 좋다. 아침에 마음의 준비를 하고 일터로 나가는 사람은 드물다. 우리의 몸은 음식이 공급되면 바로 기운이 생긴다. 하지만 성공을 위한 우리의 훌륭한 협력자인 마음은 준비 하나 없이 방치되기 일쑤다. 그렇기 때문에 쓸데없는 행동과 시간 낭비, 일의 성취도 저하, 의욕상실이 초래된다.

아침마다 몇 분만 시간을 내어 오늘의 정신을 마음속에 정해 두면 목표를 이루거나 행복을 얻을 수 있는 가능성이 훨씬 커진다. 하루를 시작하기 전에 하루 동안 마음속에 넣어 두고 싶은 마음가짐을 한 가지만 정하라. 용기, 건강, 열정, 자신감, 권력, 신뢰, 민첩한 사고 등과 관련된 것을 말이다. 오늘의 정신은 매일 다른 것을 정하고 그날 하루는 선택한 정신을 마음에 확실히 새겨 둬라.

언제나 자신의 정신적 우월성을 상기하라. 남을 추종하거나 남에게 굴복하지 마라. 적극적이고 명쾌하고 신속한 정신을 무기로 눈앞에 직면한 문제에 과감히 도전하라. 지배자와 피지배자와의 가장 큰 차이는 용기 있게 자신의 주장을 펼치느냐 그렇지 못하느냐에 불과한 것이다.

5. 식을 줄 모르는 의지

자연과 인간세계에는 다음과 같은 진실이 통한다.

1. 남들을 선도하거나 성공을 이루거나 최고의 보상을 받는 사람은 차분하고 냉정하며 자신감이 있고 용감하다.
2. '적자생존'은 지상에서 가장 심오하고 가장 타당하며 가장 명백한 자연의 법칙이다.
3. 분명한 목적이나 목표를 가진 '자연'은 절대 주저하거나 시간을 낭비하거나 늑장을 부리지 않는다. 또한 실행 허가를 받지 않고 그저 최종 목적지를 향해 대담하게 앞으로 나아간다.

이에 따라 사람은 대개 세 가지 유형으로 나눌 수 있다.

1. 의지가 강한 사람: 리더형이다.
2. 욕망만 있는 사람: 마음속에 바라는 것이 있지만 그것을 실현하는 데 필요한 열의와 행동이 결여되어 있다.
3. 운명을 믿는 사람: 인간 승리의 모든 영광을 지레 포기해 버린다. 인생이란 뜻대로 되지 않기 때문에 아무리 원해도 소용없는 일이라고 생각한다.

성취하고 승리하는 사람은 첫 번째 유형에 속한다. 위인들의 경력을 살펴보라. 그들의 공통된 특징은 바로 외부의 힘에 좌우되지 않는 '불굴의 의지'를 가지고 있었다는 점이다. 나폴레옹이 가장 대표적인 예이다. 독일의 정치가 비스마르크도, 루스벨트와 에디슨도 강철 같은 의지의 소유자였다. 과학, 예술, 경제, 문화 등 모든 분야에서 불멸의 업적은 의지의 힘으로 이루어진 것이다.

첫 번째 유형의 사람이 되어야만 승자가 될 수 있다. 매사에 수동적이거나 운명은 정해져 있다고 생각해서는 결코 원하는 승리를 쟁취할 수 없다. 보다 큰 성공을 위해 원대한 계획을 세우고 모든 기회를 움켜쥐고 갖가지 아이디어를 모색하라. 목표를 위해서라면 끝까지 투쟁하겠다는 결의를 다져라.

6. 큰 성취를 위한 큰 위험의 각오

이 말을 잘 생각해 보라. 이것은 승자의 역량을 함축적으로 표현한 말이다. 승자는 다른 사람들이 경이로운 눈으로 바라보는 최고의 보상에 과감히 손을 뻗어 그것을 거머쥐는 사람이다.

세상은 큰 일을 아예 시도조차 하지 못하는 겁쟁이들로 가득하다. 그들은 남들의 시선이나 비웃음, 관습 따위 때문에 의욕을 상실한다. 그런 생각을 머릿속에서 완전히 추방해버려야 한다. 냉철한 판단으로 큰 위험을 걸어야만 큰 성공을 거둔다는 사실을 명심해야 한다.

다른 사람들이 감히 하지 못하는 일을 하는 것. 실패가 두려워 누구든 감히 시도하지 못하는 일을 성공시키기 위해 노력하는 것. 그것이 바로 당신이 우월적 존재임을 자기 자신과 세상에 드러내는 방법이다. 세상의 모든 놀라운 업적은 기존의 관념이나 전통을 타파하는 데서부터 시작된다. 당신 자신에게 이렇게 물어 보라.

"큰 성공을 향해 노력하지 않는다면 인생이 무슨 가치가 있겠는가?"

어떤 철학자는 다음과 같이 역설했다.

인생에서 가능성의 한계는 하늘뿐이다. 우리 주변 어느 곳에

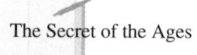
The Secret of the Ages

서든 주의 깊게 귀를 기울여 보면 우주의 리듬을 타는 움직임과 진동을 들을 수 있다. 인간의 잡다한 몽상들 너머에는 보다 충만하고 창조적인 기쁨이 넘치는 삶의 기회들이 우리를 유혹하고 있는 것이다.

당신의 혈관이 열정과 에너지로 가득 차 있지 않다면 영혼과 지성의 보금자리인 당신의 몸이 무슨 가치가 있단 말인가? 분투하고 성취하는 삶의 권리를 행사하기 바란다.

사람은 지금까지 수많은 실수를 범해 왔다. 사실이라고 믿었던 것이 잘못으로 판명되기도 했다. 하나의 기기는 더 나은 것으로 대체되곤 했다. 오늘의 존재는 내일 변할 것이다. 내일 생기는 것도 그 다음 날 변할 것이다.

인류는 항상 더 높은 수준에 도달하려는 욕망에 의해 진보한다. 어제보다 더 가치 있는 삶을 위해 쌓아가고 키우고 힘을 얻고 앞으로 나아가는 것, 이것만이 영광스런 삶이요, 인생이다.

7. 힘, 능력 그리고 끈기

당신이 지금 당장 인생에서 가장 바라는 것은 무엇인가? 돈이나 권력인가? 아니면 명성이나 지성인가? 하나를 선택하여 당신이 바라는 것을 얻기 위한 전략을 세워라. 그리고 모든 에너지를 쏟아 부어라. 정당한 대가를 치를 각오가 되어 있다면 그것을 얻을 것이다.

승리하기 위해서는 인내와 확고한 의지와 용기를 가져야 한다. 다른 사람들의 말에 휘둘리지 말고 오로지 목표를 향해 자신의 길을 가라. 프랑스 작가 빅토르 위고는 이런 말을 남겼다.

> 용기를 갖고 방향을 잡아라. 자연은 당신이 자질이 있다고 판단하면 당신이 나아갈 길을 마련해 준다. 이리저리 휩쓸리는 사람들은 대자연의 거대한 도가니 속에서 스러져버린다. 그러나 강철 같은 마음과 영혼을 지니고 힘차게 도약하는 사람은 결코 사라지지 않는다.

사람의 마음속에는 정상頂上이 있다. 그 정상은 다름 아닌 꿈이며 이상이다. 승리하는 자는 드물다. 하지만 누구든 승자가 될 수 있는 능력을 가지고 있다. 빅토르 위고의 또 다른 글을 읽으면서 승리의 힘에 대해 생각해 보라.

"어떤 시대든 천재라고 불리는 사람들은 정상을 목표로 한다. 그들은 정상을 향해 오른다. 그들은 구름 속에 모습을 감추었다가 또 다시 모습을 드러내곤 한다. 그 아래 세상 사람들은 그들을 발견하고 주시한다. 그들은 벼랑길에서도 대담하게 발

The Secret of the Ages

을 내딛는다. 먼 곳에서 보면 그들은 조그만 점으로밖에 보이지 않는다. 길은 험하고 고난의 연속이지만 그들은 멈추지 않는다. 정상을 향해 올라갈수록 추위가 극심해진다. 비탈길은 얼음을 깨뜨려야 겨우 한 발을 내디딜 수 있을 정도다. 게다가 눈보라는 더욱 기승을 부린다. 하지만 그들은 계속 전진한다. 이제 호흡이 곤란할 정도로 공기가 희박해지고 심연이 그들을 집어삼킬 듯이 입을 벌리고 있다. 마침내 대열에서 낙오되는 이들이 있고 멈춰 섰다가 되돌아가는 이들도 생긴다. 그들에게는 참을 수 없는 피로와 슬픔이 엄습한다. 하지만 끝까지 용기를 잃지 않은 몇몇은 계속해서 나아간다. 독수리가 그들을 내려다보고 있다. 번개가 치고 눈보라가 매섭게 몰아친다. 무슨 일이 있어도 그들은 포기하지 않는다. 마침내 그들은 정상에 다다른다."

정상을 밟은 사람들. 바로 그들이 슈퍼맨이고 승자이고 정복자이다.

제16장

당신의 문제에 대한 답변

질문과 답변

문 어떻게 하면 의심과 두려움을 마음속에서 쫓아낼 수 있을까요?

답 불안과 두려움은 사람에게서 많은 에너지를 빼앗아 가면서도 실제로는 아무런 보상도 해주지 않습니다. 마음속에 의심, 걱정, 두려움 따위가 자리잡고 있으면 성공을 향한 길에서 한 발자국도 나아가기가 어렵습니다.

우리가 걱정하고 의심하는 일의 대부분은 실제로 현실 속에서 거의 일어나지 않습니다. 설령 현실로 닥친다고 해도 생각했던 것만큼 심각하지 않습니다. 예상치 못한 시련이 닥친다

The Secret of the Ages

하더라도 우리는 그것을 차례대로 해결해 나갈 수 있는 에너지와 강인함을 갖고 있습니다. 하지만 우리는 어리석게도 내일이나 모레, 다음 주나 몇 개월 후에 부딪힐 것이라고 예상되는, 실제로는 거의 일어나지 않을 난관을 놓고 비축한 에너지와 힘을 소비해버립니다. 그리고 실제로 큰 시련에 맞서야만 할 때는 정작 힘을 다 소진한 상태라서 그냥 주저앉고 맙니다.

두려움이라는 악마를 퇴치하고 불안이라는 감정의 강줄기를 막는 방법을 익히면 인생이 전혀 다르게 보입니다. 삶의 의미를 새롭게 깨닫게 됩니다. 깨끗하고 건강한 마음과 생각, 감정, 야망을 자라게 할 수 있습니다. 그럼 어떻게 해야 될까요?

간단합니다. 지금 어두컴컴한 방안에 있다고 상상해 보십시오. 어둠을 쫓아내기 위해 당신은 어떻게 합니까? 창문을 열고 빛이 들어오도록 할 겁니다. 빛이 들어오는 만큼 어둠도 사라집니다. 두려움이라는 어둠도 마찬가지입니다. 용기와 자신감을 당신의 마음속에 불어넣으면 두려움이 사라지는 것입니다. 두려움이 스멀스멀 마음속에 들어온다면 이렇게 외치십시오.

"난 두렵지 않다. 아무것도 무섭지 않다. 난 강철 같은 용기를 가졌다!"

📖 저는 광고 회사에서 근무하고 있습니다. 하지만 눈길을 끄는 광고 문구를 잘 만들지 못하고 늘 마감 시한에 쫓겨 심한 스트레스

를 받고 있습니다. 어떻게 하면 모든 아이디어와 지혜의 원천이라는 '우주의 마음'에 저의 마음을 연결시킬 수 있을까요?

📬 '조용한 곳에 힘이 있다'는 말을 기억하십시오. 인생에서 뚜렷한 목적이나 야망을 가지고 있는 사람은 매일 짧은 시간이라도 자기만의 시간을 갖는 게 중요합니다. 혼자서 조용히 생각을 하거나 명상을 통해 자연과 호흡한다는 기분으로 마음을 맑게 하십시오. 그렇게 하면 새로운 에너지를 얻을 수 있습니다. 그러면 긴장이 풀린 고요한 순간에 위대한 마음의 힘이 당신에게 해야 할 일을 가르쳐 줄 것입니다.

증오나 비관, 낙담이나 고통 등 부정적인 것이 마음속에 있어서는 안 됩니다. 용기, 희망, 번영 등의 긍정적인 것으로 마음을 채우십시오. 몇 번쯤 크게 심호흡을 하고 몸과 마음의 긴장을 풀어 주십시오. 외부 세계의 일은 머릿속에서 쫓아내고 당신의 마음에 귀를 기울이십시오. 모든 물질적인 것들, 일, 걱정거리를 차단하고 물속으로 가라앉듯이 고요한 마음 상태를 유지하십시오. '나는 마음을 열고 우주와 자연의 조화로운 리듬을 따르고 있다'고 생각하십시오. 그러면 위대한 섭리와 내 마음과의 관계가 느껴지기 시작하면서 마음속이 안식과 평화로 채워질 것입니다. 그리고 곧 새로운 힘과 에너지가 생기고 삶과 일에 대한 의욕이 생길 것입니다.

The Secret of the Ages

매일 몇 분씩 이렇게 위대한 힘과 마주하는 시간을 가져 보십시오. 그러면 당신은 머지않아 창조적 마인드를 갖게 됩니다. 계속해서 연습하면 아이디어로 넘쳐나는 잠재의식의 문을 활짝 열 수 있습니다. 그리고 일할 때뿐만 아니라 운전할 때든 산책할 때든 수염을 깎을 때든 언제 어디서나 그것을 이용할 수 있습니다. 그리고 그렇게 얻은 아이디어는 당신에게 부와 성공을 가져다 줄 것입니다.

문 부자가 되는 법을 가르쳐 주십시오.

답 20세기 초 막대한 재산을 모았던 토머스 로슨Thomas Lawson은 젊은 시절부터 넓은 대지에 풀장과 아름다운 정원이 있고 고급 가구와 미술품으로 장식된 집을 마음속에 그려 두고 있었다고 합니다. 그는 그런 집을 얻기 위한 단계, 즉 재산을 모으는 과정이 마치 마음속의 그림을 현실에서 구체화시키는 작업처럼 느껴졌다고 말했습니다.

경제적인 성공을 이루기 위해서는 그렇게 해야 합니다. 우선 당신이 원하는 것을 마음속에 확실히 그려야만 합니다. 그리고 그 그림을 구체화하기 위해 모든 노력을 기울여야 할 것입니다.

무언가를 원한다면 확실한 목표를 정하고 마음속에 뚜렷한 그림을 그려 두어야 합니다. 돈을 원한다면 돈에 관련된 이미지를 만들어야 합니다. 말하자면 '돈을 쓰는 나' 혹은 '돈을 벌고 있는 나'와 같은 돈과 관련된 행동을 틈 날 때마다 상상해 보십시오. 부의 그림을 마음속에 뚜렷하게 그린 후에는 그 그림을 구체화하는 작업, 즉 현실화시키는 작업을 시작합니다.

많은 사람들이 돈을 원하지만 결국 말로만 그치고 맙니다. 그들은 마음속에 그림을 그리고 그것을 실현시키기 위해 필요한 창조적 상상력을 이용하지 않습니다. 기본적으로 자신의 욕망을 정확히 알지 못하면 부를 절대 얻을 수 없습니다.

성공한 사람들은 상상력을 어떻게 사용하는지 알고 있었습니다. 그들은 남보다 앞서 생각하고, 꿈꾸는 것을 마음속에 그린 후 세세한 부분을 끈기 있게 채워 나가거나 덧붙이거나 수정하면서 구체화시켰던 것입니다. 경제적 성공을 바란다면 당신은 욕망의 창조주이자 설계사가 되어야 합니다.